KB210940

아버지의 마음

# 사랑한다

**1**

Father's Heart

# I Love You

아버지의 마음
Father's Heart

I Love You

사랑한다

김광극 지음

1

좋은땅

하나님의 임재 아래 사는 것이 기독교의 영성적 삶의 특징입니다. 이 책은 저자가 인격적으로 우리를 대하시는 하나님을 만나고 교제하며 동행한, 생생한 영성적 삶의 기록입니다.

　　　　　　　　　　－ 구제홍 목사, 명지대학교 교수 · 교목실장


아브라함과 이삭과 야곱의 하나님 여호와를 알기 원하시면 성경을 읽으세요. 그 하나님의 사랑과 은혜를 오래도록 유지하기 원하신다면 이 책을 권해드립니다.

　　　　　　　　　　　　－ 박재흠 목사, 시골교회세우기 선교회


예배를 삶의 우선순위로 두고 살아온 김광극 목사의 책을 두 번 읽으면서 더욱 감명을 받았습니다. 매일의 삶 속에서 말씀에 순종하며 실천할 수 있었던 비밀은 성령으로 말미암아 주어지는 하나님의 사랑이었다고 이 책을 통해 고백하고 있습니다. 『사랑한다』를 통하여 목마른 사슴이 시냇물을 찾아 해갈하듯 많은 크리스천들이 하나님의 포근한 품 안에서 기쁨과 감사를 만끽할 수 있기를 바라며, 이 책을 적극 추천합니다.

　　　　　　　　　　－ 성진숙 목사, 캄보디아 Life 대학교 신학과 교수

Living in God's presence is what makes a Christian spiritual life special. This book is a vivid testimony of the author's spiritual life on how she has met, experienced, and walked with God; God, who knows us and cares for us personally and individually.

- Dr. Je Hong Goo, professor and chaplain at Myongji University

Read the Bible to know more about God of Abraham, Issac, and Jacob. To keep and remember God's love and grace from reading the Bible, I recommend this book for you.

- Pastor Jaeheum Park, Mission for empowering churches in countryside

While reading this book twice, I was deeply moved by Pastor Kim's worship-centered life. She confesses that the secret to living an obedient life based on the Bible is God's love given through the Holy Spirit. I believe many Christians will find joy and thanks in God's gentle embrace by reading this book, 'I love you', like a deer pants for streams of water and quenches its thirst.

- Dr. Chin Suk Sung, professor and pastor

세례요한이 자신을 엘리야도 아니고 그리스도도 아니고 선지자도 아니고 주의 길을 곧게 하라고 보냄을 받은 소리라고 말한 것처럼, 저도 주님의 뜻을 전하는 소리이고 싶어서 남편을 통하여 주신 이름 김광극을 필명으로 합니다.

23세에 하나님으로부터 복음을 전하는 자로 소명을 받은 후 20여 년간 어린이 선교사역에 헌신하였습니다. 이와 함께 부모 교육과 가정 상담을 진행하는 과정에서 교회를 떠난 사람들을 만나게 되었고, 그들과 함께 울고 웃으며 기도와 말씀으로 치유하여 그들이 다시 하나님 품으로 돌아가도록 돕는 사역을 하게 되었습니다.

10여 년 동안 이 사역을 하면서 세상 곳곳에 흩어진 성도들에게 영적인 측면과 정서적인 측면에서 신앙적 도움이 필요하다는 것을 확인하고 목사인 남편과 함께 이 사역에 헌신하기로 결심하였습니다.

Please allow me to use Gwanggeuk Kim as my pen name. God gave me this name through my husband. With this name, I want to be used as a voice that spreads the will of the Lord, like John the Baptist. He was neither Elijah, Messiah, nor any other prophet, but a voice of one calling in the wilderness to 'make straight the way for the Lord.'

I received a calling from God to become "a messenger of the gospel" when I was twenty-three years old. Following the calling, I committed more than twenty years in children's ministry. While serving children's ministry, I met with a number of families for counseling and parental training. Some of them had left their home churches for many reasons. I have shared life's ups and downs with them; and I have helped them recover spiritually and emotionally, so that they would return to the love of God.

Serving fellow Christians for over ten years, I witnessed that there are so many other Christians needing pastoral care and love, spiritually and emotionally. I and my husband, who is also a pastor, decided to dedicate ourselves for this ministry. We help fellow Christians to make peace again with God.

고통 속에 있는 성도들의 손을 잡아서 주님의 손을 다시 잡도록 이끌어주면 어느덧 하나님께서 그들을 부르신 성도의 자리로 돌아가는 것을 수없이 목격하였습니다. 현재도 남편과 함께 힘들어하는 성도들을 회복시켜서 각자 등록된 교회로 돌아가 하나님을 예배하는 자리에 있도록 돕는 사역을 합니다.

이 책도 길 잃은 양 찾기 사역의 한 부분으로 흩어져 있는 하나님의 사람들을 성장하게 하고 그들의 회복을 돕는 역할을 할 것입니다.

이 책을 먼저 읽으신 성진숙 목사님(캄보디아 Life 대학교 신학과 교수)께서 현지 신학생에게 이 책을 읽히고 싶다는 요청에 의해 영어로 번역하게 되었습니다.

번역을 맡아준 사랑하는 딸들에게 감사를 표합니다. 자원하여 영어판 교정을 도와준 김영롱과 그의 친구 토마스 캠벨에게도 감사를 전합니다. 손으로 쓴 원고를 모두 컴퓨터로 입력하는 수고를 기쁨으로 도와준 사랑하는 남편에게 깊은 감사를 전합니다.
이 책이 나오기까지 우리 모두를 사용하신 하나님께 감사를 드립니다.

We have helped a number of people recover from spiritual wounds and return to their home churches. My husband and I are currently serving the lost sheep of God, who are weary from life's difficulties. We help them to recover and become sincere worshippers of God in their home churches once again.

This book is written as a part of the 'recovering lost sheep ministry' mentioned above. I pray that this book will play its part in growing the faith of God's people and helping them recover from life's pains.

Dr. Chin Suk Sung, a professor in Theology at Life University in Cambodia, read the first edition of this book in Korean and requested an English version for her students.

I would like to express my love and thanks to my daughters, Lauren and Audrey, for translating this book to English. I also would like to extend my thanks to Younglong Kim and her friend, Thomas Campbell, for proofreading the English version. Lastly, my deepest love and thanks to my husband, Song, for typing the entire handwritten draft of this book and giving me endless love and support in writing this book.
I give my praise and thanks to God. He has planned, provided, and worked through all of us for this book, to bring Him glory.

# 목 차

# Contents

# 프롤로그


샬롬! 주님이 주시는 평강으로 충만하시길 축복합니다.


십여 년 전부터 남편은 가끔씩 저에게 이렇게 말했습니다. "당신에게 역사하신 하나님의 사랑을 글로 써보면 어때요?"

남편의 말을 곰곰이 생각하다가 저는 이렇게 대답했습니다.

"아니에요. 저는 글을 잘 쓰지도 못하는 데다가 제가 꼭 글을 써야 한다면 성령님이 알게 하실 거예요. 책을 쓰는 것이 하나님께 영광이 되는 일이라면 그때 쓸게요."라고요.


몇 년 전에는 어떤 집사님이 제게 책을 쓸 것을 권면했습니다. "많은 사람들이 하나님께서 하신 일을 알게 됐으면 좋겠어요. 꼭 쓰시면 좋을 것 같아요."

그때에도 "하나님께서 말씀하시면 그때 쓸게요. 하나님께서 필요하시면 쓰게 하실 거예요." 하고 지나갔습니다.


저는 한 번도 글을 쓰려고 생각한 적이 없어서 글을 쓸 준비도 되지 않았고 책을 쓸 자신도 없었습니다.

# Prologue

Shalom! May this find you in full peace from our Lord.

For more than ten years, Song, my husband, has been persuading me to write a book. He would ask me from time to time, "I think it'll be great if you put into writing how God has shown His love in your life." I had given it some thought and humbly answered, "I'm not a good writer; but if I have to, the Holy Spirit will tell me. And if writing a book glorifies God, I will gladly obey."

Several years back, fellow Christian friend of mine also suggested to me that I write a book. "Please write one - it'd be great to make the amazing works of God known to many people."
Even then, I passed on saying, "If God leads me to do so, I will. If I must, He will guide me."

I have never thought of writing a book before. I was not ready. Neither did I have enough confidence.

그랬기 때문에 가까운 분들의 권면에도 쉽게 결정을 내리지 못했습니다.

그러던 어느 날, 저는 기도하던 중에 성령님의 임재를 경험하게 되었습니다.

저는 이십 대 때부터 매일 홀로 기도하는 시간을 가져왔습니다. 기도 중에 결혼 응답을 받았을 때 다니엘처럼 저도 하루에 세 번씩 기도하겠다고 하나님께 다짐했습니다.

매일 혼자 기도하는 시간을 가진 지 몇 년이 지난 후 사순절 기간 동안 특별기도를 하기 시작했습니다. 해마다 사순절이 되면 성령님의 인도하심을 따라 집중적인 기도 시간을 가졌습니다.

박사과정을 공부하기 위해 몇 년 전 미국에서 지내던 중 한 사순절 특별기도 기간에 성령님의 임재를 경험했습니다. 저는 기도하면서 잠잠히 예수 그리스도의 십자가 사건에 대해 묵상하던 중에 제 죄를 위해 십자가에 달리신 예수님께 더욱 깊이 감사하는 시간을 드렸습니다.

Despite repeated encouragement from my friends and family, it was not easy for me to come to a decision about writing this book.

One day, when I was praying, I experienced a powerful presence of the Holy Spirit.

Since my twenties, I've always made private time for praying to God alone. When God answered my prayers on marriage, I promised God that I will pray three times a day for every day of my life like Daniel did.

I started praying in solitude on a daily basis, and after a few years later, I added special prayers for Lent. Every year during Lent, I focused more on immersing myself in the presence of the Holy Spirit. I devoted more time and energy to prayer.

It was when Song and I were staying in the US to study for doctoral program; I experienced a very special presence of the Holy Spirit while I was praying during Lent. I quietly prayed and meditated on Jesus, who died on the Cross for me, and thanked Him deeply for His love.

그 십자가의 은혜를 통해 제 마음의 상처를 치유하신 하나님께 감사드리고 제 육신의 병까지 치료하신 예수 그리스도의 능력에 감사하는 마음이 제 가슴 깊은 곳에 머물러 있었습니다. 부활하신 주님은 저에게도 새 생명이라는 큰 은혜를 주셨습니다. 말로는 다 표현할 수 없는 하나님의 사랑에 잠겨 기뻐했습니다.

기도를 마친 후 감사하는 마음에 젖어 조용히 집 앞 나무를 바라보며 묵상하고 있을 때 평안한 바람결 같은 목소리가 저를 감싸며 지나더니 "책을 써라."고 말씀하셨습니다. "하나님께서 하신 일을 드러내라. 하나님의 영광을 세상에 나타내라. 이 일을 통해서 하나님께서 일하신다."라고 말씀하셨습니다.

생각지도 못했던 일을 경험한 저는 순간 놀라서 얼떨떨했지만 곧 제 마음은 아주 평안해졌습니다. 봄결 같은 보드라움 속에 저는 아무 어려움 없이 이미 "네."라고 대답하고 있었습니다.

My heart was full of sincere gratitude for God. He healed the pains of my heart with His love; and He healed my body through the power of Jesus Christ. The Lord, who has risen again, has given me a new life. How amazing is His grace! I rejoiced in God's indescribable love.

After my prayer time, I was immersed in thankfulness and I meditated on God's love. At that moment, a voice like a gentle spring breeze surrounded me whispering, "Write a book. Show God's great works and reveal His glory to the world."

I was surprised at this unexpected voice. However, my heart was at peace immediately. I was already answering, "Yes," to the tender calling without hesitation.

저의 의지와는 상관없이 제 안에 계신 성령님이 동의하시는 것 같았습니다. 성령님이 책의 내용을 생각나게 하실 것이고 저를 통해 쓰게 하실 것이라는 믿음이 평안으로 다가왔습니다. 주님께 여쭤보았습니다. "언제부터 글을 쓸까요? 어떻게 쓰면 좋을까요? 지금은 박사과정을 마무리하고 논문을 준비하고 있는데요. 주님! 말씀해 주세요." 하며 하나님의 때를 기다리기로 결심했습니다.

그 날 저녁 가정예배 중에 남편과 함께 말씀을 읽는데 에스겔에게 대언하게 하시는 하나님의 말씀이 큰 감동으로 다가왔습니다.

**'그들이 나를 여호와 자기들의 하나님인 줄 알리라⋯.'**

계속되는 이 말씀 가운데 성령님은 다시 제게 말씀하셨습니다.
**'너를 통하여 이루신 하나님의 일을 전할 때 그들이 나 여호와인 줄 알리라.'**

가슴이 뛰기 시작했습니다. '하나님을 위해 글을 쓰기 시작하라.'는 감동으로 마음이 가득 찼습니다.

It seemed that the Holy Spirit within me was agreeing regardless of my own will. The Holy Spirit breathed faith and peace into me; that He would guide me in my writing, and that He would use me for His work. I asked the Lord, "When should I start writing? What should I write about? I am still in my doctoral program and I am preparing to write a thesis. Lord, please tell me what to do." I prayed and decided to wait for God's time.

I was reading Ezekiel with Song that evening in our family devotional. My heart was greatly moved while reading the verses describing God putting His Words to Ezekiel's mouth.

**'Then they will know that I am the Lord their God….'**

As I continued reading the Bible, the Holy Spirit spoke to me,
**'As you declare the great works He has done through you, they will know that I am the Lord their God.'**

My heart was throbbing. The Holy Spirit was encouraging me to start writing for God.

저는 이 사실을 말씀 나눔 시간에 남편과 나누었습니다. 말하는 동안에도 가슴이 미어터질 듯이 아파오는데 아픔을 견딜 수 없어서 한동안 가슴을 부여잡고 있었습니다. 저는 마음속으로 '부족한 제가 어떻게 글을 쓸 수 있을까요? 저는 능력이 없는데요!'라고 말하고 있었습니다. 그런 제 마음을 주님께서는 이미 알고 계셨습니다. 그러나 제 입으로 그렇게 말하지 못하도록 성령님이 막고 계셨던 것입니다.

저는 그 자리에서 '주님, 순종하겠습니다.'라고 진심 어린 약속을 드렸습니다. 그제야 진땀이 걷어지고 가슴의 통증이 사라졌습니다. 언제 아팠냐는 듯이 평안이 밀려왔습니다.

논문을 쓰려고 준비했던 것들을 다 멈추고 주님께서 인도하시는 대로 글을 쓰리라 마음먹었습니다. 그리고 눈을 들어보니 전에 보지 못했던 새 노트가 보였습니다. 바로 펜을 들어 순종하는 마음으로 이 글을 쓰기 시작했습니다.

I shared this with Song after reading the Bible. As I was sharing, my heart was in so much pain that I had a hard time holding myself together. I was crying out inside my heart, 'I am so small – what am I to write a book? I am not capable!' The Holy Spirit already knew my thoughts and stopped my mouth from saying these words. The debate going on within myself was giving me the pain. I decided to give my sincere promise to the Holy Spirit.

"Lord, I will obey."
Instantly, the pains on my chest vanished, I stopped sweating and I was full of heavenly peace.

I stopped my doctoral thesis preparation, because I was determined to commit myself to following the Lord as He guided me on this journey. Moments after I made this decision, my eyes suddenly opened to a new notebook that was in front of me. I picked up my pen and started writing with my heart full of obedience.

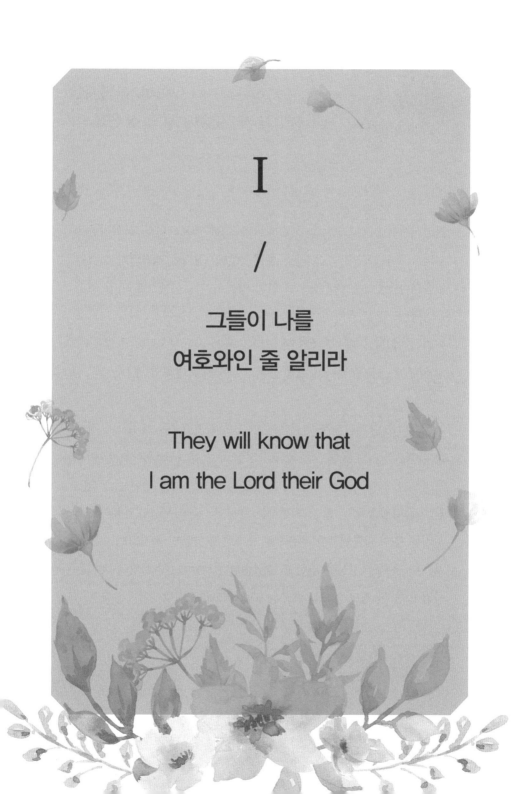

# I

/

그들이 나를
여호와인 줄 알리라

They will know that
I am the Lord their God

# 1. 아바, 아버지!
## 그 사랑을 제 가슴에 담고 싶은데…

점심식사를 마치고 TV를 돌려 보다가 '고베 러브소나타' 실황방송을 시청하게 되었습니다. 2009년 봄에 있었던 집회를 재방영하는 것이었습니다. 동일본 대지진으로 인해 마음이 어수선했는데 마침 일본을 향한 사랑을 담아낸 방송을 보니 제 눈과 마음이 그 현장 속으로 빠져 들어갔습니다. 한국의 한 교회의 목사님과 성도님들이 힘을 합쳐 일본에 복음을 전하기 위해 준비한 사랑의 음악회였습니다.

고풍스러운 오페라하우스 같은 음악홀에 일본인들을 초청하여 정성을 다해 VIP처럼 환대하는 모습과 명성 있는 테너, 소프라노, 그리고 크리스천 연예인들을 통해 사랑의 음악과 메시지를 전하는 모습이 참 아름다웠습니다. 말씀을 전하는 목사님, 통역 목사님, 마무리 메시지를 통해 일본인들을 복음으로 초대하는 일본인 목사님까지 모두다 한마음으로 정성을 다하고 계셨습니다. 하나님의 사랑을 놓치는 사람이 단 한 명도 없도록 애쓰는 모습이 보였습니다.

# 1. Abba Father!
# I want to have Your love in my heart···

This story takes place shortly after the 2011 Tōhoku earthquake and tsunami. One afternoon, I came across an old rerun while channel surfing. It was called 'Kobe Love Sonata', which was released in spring in 2009. The show appeared to be a charity music concert, brought together by a Korean church, to spread the gospel in Japan. My heart had been uneasy for the recent Tōhoku earthquake. The love, towards Japan, that filled the screen captured my full attention.

It was heartwarming to see the beautiful fellowship unfolding in a gorgeous performance hall that looked like a classic opera house. They invited Japanese guests and treated them with respect and love. Renowned tenor singers, soprano singers, and Korean Christian celebrities shared music and the gospel of love with Japanese guests. Everyone from the preaching pastor, the translating pastor, to the Japanese pastor who gave an altar call, poured out their hearts as one body of Christ.

그곳에서 헌신하는 모든 분들의 모습 속에서 하나님의 사랑이 잔잔히 머물러 있음을 볼 수 있었습니다.

'나는 당신을 사랑합니다.'라고 직접 말하지 않아도 행사를 진행하는 목소리와 행동 속에서 사랑이 묻어났습니다. 일본을 사랑하게 하신 하나님의 사랑이 그분들의 섬김을 통해 느껴지면서 저는 텔레비전 앞에서 목을 놓아 울 수밖에 없었습니다.

저렇게도 조심스럽게 한 발, 한 발 다가가시는 하나님, 저렇게도 사려 깊게 저들의 마음을 열어가시는 하나님의 사랑의 깊이가 제 가슴속 절절히 느껴지며 마음이 아파왔습니다. 저는 통곡했습니다. 하나님의 그 깊은 사랑을 닮지 못함에, 하나님의 그 사려 깊은 사랑을 갖고 있지 않음에 마음이 아팠습니다.

부끄러운 마음, 죄송한 마음이 엉켜서 눈물이 하염없이 흘러내렸습니다.

I could see their passion to not allow a single soul to miss out on God's love. I could see God's love gently residing in their commitment and devotion.

I could sense that their actions and speech were full of love for Japan. Though it was not spoken out loud, they were saying "I love you." I felt God's love towards Japan through their service, and I cried watching them on TV.

God was gently knocking on the doors of their hearts. The considerate, caring, and complete love of God made my heart ache deeply. I observed the immeasurable love of God approaching them step by step. I cried my heart out. My heart was hurt; because I wanted to please God, but I was still far from showing His considerate and immeasurable love.

Tears fell endlessly. I was humbled and embarrassed.

그 동안 무수히 많은 사람들을 일본에 보내시며 그 땅에 사랑을 전하신 하나님! 우리가 다 알지 못하는 사람들이지만 하나님의 사랑을 가슴에 안고 서로 다른 형태로 일본 안으로 들어가 빛이 된 이들이 많을 것입니다. 기독방송에서 본 어느 목사님의 설교 속에 소개된 김사무엘 선교사님의 이야기를 통하여 다시 한 번 일본을 향한 하나님의 사랑을 확인할 수 있었습니다.

직장인이었던 김 선교사님은 어느 날 기도 중에 일본에 가서 일곱 교회를 개척하라는 하나님의 음성을 듣고 일본 선교사로 헌신하셨다고 합니다. 그 이후 북한으로 가라는 말씀을 듣고 북한을 오가며 헌신하셨고, 또 이라크로 가라는 말씀을 듣고 이라크를 위해 헌신하시다가 혈액암으로 소천하셨습니다. 이 이야기를 들으며 저는 생각했습니다. '하나님께서는 일본을 그렇게도 사랑하시는구나! 과거 우리나라에게 그렇게도 고약하게 굴었던 일본인데….'
뿐만 아니라 일본에 있는 유학생, 연수생, 근로자, 사업가를 통해서도 하나님은 그곳에 복음을 전하고 계심을 알 수 있었습니다. 일본에 있는 대학에서 공부한 저희 집 아이도 친구들과 함께 노방전도로 기타 치며 찬양으로 사랑의 씨앗을 곳곳에 뿌리게 하셨던 것이 생각납니다.

How deep is our Father's love for Japan! God has sent a number of people to Japan to share His love. Although we may not know who and how, God's people have been sent to Japan to be His light and to show His love in many different forms. Through a missionary named Samuel Kim, and his story that was featured in a Christian cable network, I could witness God's great love for Japan.

Missionary Kim devoted his life to missions in Japan after receiving God's calling to build seven churches there. He was a working professional when God had called him. Wherever God led him to go,he went. After his missions in Japan, he followed God's call – even to North Korea and Iraq. He poured out his love for God through his missionary life, even after being diagnosed with hematologic cancer, until the time he was called back to heaven. I thought to myself, 'I can see God really loves Japan. This country was so mean to Korea in the past....'
I also came to realize that God is spreading the gospel through countless people in Japan, like students, working professionals, and entrepreneurs. My daughter, Audrey, also told me that while she was a college student in Japan, she would gather along with her church friends for street evangelism with music.

저는 일본과 개인적 관계가 없을 것이라 생각하고 살았습니다. 그러던 어느 날 우리 아이가 일본으로 유학을 가게 되었습니다. 아이가 일본으로 떠나던 날 저는 펑펑 울었습니다. 4년 전액 장학금을 받으면 하나님의 뜻인 줄 알고 보내겠다고 약속했으면서도 제가 싫어하는 일본으로 보내는 것이 너무도 속상하고 힘들었습니다. 아이의 입학식을 마치고 저는 또 펑펑 울었습니다. 왠지 싫은 이 땅에 아이를 보내기 싫었습니다. 일본인들 사이에 아이를 두고 나 혼자 돌아갈 수가 없었습니다. 아이에게 한국으로 돌아가자고 했습니다. 아이는 이왕 왔으니 한번 공부해보고 결정하겠다고 해서 저는 눈물을 가슴에 머금고 혼자 한국에 돌아왔습니다. 한국에 돌아온 후 여전히 맡겨진 사역을 섬기며 지냈습니다.

어느 날, 매일 기도드리는 그 시간에 주님은 저에게 회개하라고 하셨습니다.

I thought that I would never have any association with Japan in my entire life, until the day when my very own child left to study in Japan. I hated to see my child go, and I cried when she left. Looking for an answer, and confirmation from God, I prayed about this situation. I believed that if she received a full scholarship, then I could accept this as confirmation. Although the chances were slim, Audrey received a full 4-year scholarship after miraculous events. Even after receiving God's confirmation, my heart was still upset and I was unhappy to send her to a country I disliked. After attending the college entrance ceremony with Audrey in Japan, I cried again. I did not want to leave my beloved child with the people I did not like. I asked her to come back to Korea with me. She was determined and told me that since she has made it this far, she wanted to give it a try and see how it goes. I held my tears back and returned home alone. I also returned to my ministry with a saddened heart.

One day, during my daily prayer hours, the Lord told me to repent.

너무 싫은 그 땅에 자녀를 두고 온 것이 힘들어 슬픔을 이기지 못하는 저에게 주님께서는 계속 회개하라고만 말씀하셨습니다.

저는 무릎을 꿇고 회개했지만 무엇을 회개해야 하는지 몰랐습니다. 팔 개월쯤 계속 기도하며 묵상하던 중 제 안에 일본을 미워하고 있는 마음을 발견하게 되었습니다.

일본과 저희 가족이 직접적으로 연관된 것은 아무것도 없지만 우리나라와 우리 민족에게 피해를 준 그들이 너무나 밉고 싫었던 것입니다.

그때까지만 해도 그런 저의 태도가 눈물로 회개해야 하는 것이라고 생각하지 않았습니다. 그래서 말로만 회개했습니다.

말씀에 순종하기 위해 계속 회개하던 중에 미움은 마음 속 깊이 회개해야 할 죄라는 사실이 가슴으로 와 닿았습니다. 제 눈에는 어느덧 회개의 눈물이 줄줄 흐르고 있었습니다.

My heart was already saddened by the fact that I left Audrey in the land I resented. And yet, the Lord kept telling me repeatedly to repent.

I knelt down and repented, unsure of why I really needed to repent. I continued to pray, meditate, and inwardly examine myself for eight months, until I realized that I had anger and resentment towards Japan inside of my heart.

Although Japan may not have harmed me and my family directly, I had hatred toward the country that treated Korea and Korean people brutally in the past.

I had not considered such attitude towards Japan worthy of repentance until then. So I had continued to repent in vain.

As I continuously repented in order to obey God, I came to truly understand that it was this hatred that needed to be repented wholeheartedly and truthfully. Before I knew it, my eyes were covered with tears of repentance.

그 이후 이 년 후쯤, 기도 중에 일본에 여행을 다녀오라는 마음을 주셨습니다. 자녀를 보내놓고 입학식 이후로 일본에 한 번도 가보지 못했는데 아이와 함께 쉬며 여행하는 기회를 주시는 것이라고 생각했습니다. 남편과 저는 일본에 가는 것이 별로 내키지 않았지만 우리 아이를 생각해서 다녀오자고 결정했습니다.

아이도 저희 부부도 바쁜 일정이어서 여행 계획을 구체적으로 짜지 않고 발길 닿는 대로 둘러보기로 하였습니다. 그렇게 아이 학교 근처 지역을 지나다가 '나가사키'에 가게 되었고 계획 없이 가고 있던 저희들은 '데지마'를 방문하게 되었습니다.

그곳에서 포르투갈 사람들과 네덜란드 사람들이 일본에 복음을 전한 흔적을 보게 되었습니다.

그곳을 지나가며 그들이 얼마나 마음을 다해 이들에게 복음을 전하려 했는지 느낄 수 있었습니다. 그들의 헌신이 얼마나 고귀하고 아름다웠는지를 주님께서 제 가슴 깊이 느끼게 하셨습니다.

About two years had passed since then; and while in prayer, God gave me a heart to visit Japan. I had not been to Japan since Audrey entered college. I thought of it as an opportunity to relax and travel together. Song and I were not overly excited about the idea of visiting Japan, but we decided to go for the sake of Audrey.

We were quite busy with other schedules at that time and we did not plan ahead for the trip. Instead, we went to wherever we felt like going. As we explored the cities near the college campus that Audrey attended, we headed to a city called Nagasaki and a place called Dejima.

There we saw the traces of early Portuguese and Dutch missionaries who spread the gospel in Japan.

As we walked around the city, I could feel how the early missionaries wanted to share the gospel with the people of Japan. The Lord helped me see how precious and beautiful their commitment was.

그리고 끝이 없는 아바 아버지의 사랑을 보았습니다! 아버지의 그 사
랑 앞에 저는 무릎을 꿇었습니다.


오직 주의 사랑에 매여

– 고형원


오직 주의 사랑에 매여

내 영 기뻐 노래합니다.

이 소망의 언덕 기쁨의 땅에서

주께 사랑드립니다.

오직 주의 임재 안에 갇혀

내 영 기뻐 찬양합니다.

이 소명의 언덕 거룩한 땅에서 주께 경배드립니다.

주께서 주신 모든 은혜 나는 말할 수 없네.

내 영혼 즐거이 주 따르렵니다.

주께 내 삶 드립니다.

I witnessed the boundless love of Abba Father God. I knelt down in front of His amazing love.

*Only Bound by the Love of My Lord*

*- song and lyrics written by Hyungwon Ko*

*Only bound by the love of my Lord*

*Will my soul praise with delight.*

*On the hill of hope, in the land of joy*

*Will I give my love to you Lord*

*Only in the presence of my Lord*

*Will my soul praise with delight.*

*On the hill of calling, in the holy land I will worship*

*All of the blessings God has given me I cannot fully describe*

*My soul joyfully will follow You oh Lord*

*I will give my life to You*

우리는 아주 사소한 이유만으로도 사람을 미워하기도 하고 싫어하여 그 사람을 피하기도 하는데, 하나님 아버지는 당신의 자식들을 채찍으로 때리고 짓밟고 짐승처럼 취급했던 일본 사람들을 위해 그 오랜 시간 동안 또 하나의 사랑의 장을 이곳에 만드셔서 우리를 초청하고 계셨습니다.

우리의 아버지, 사랑의 하나님 아버지!

일본인, 그들 또한 하나님 아버지의 자식들이었습니다. 그 사랑 앞에 저는 한없는 눈물을 흘리고 있었습니다.

'아버지 저는 죄인입니다.'

'우리가 이미 죽음에서 생명으로 옮겨갔다는 것을 우리는 압니다. 이 것을 아는 것은 우리가 형제자매를 사랑하기 때문입니다.'라고 성경에서 말씀하셨는데….

'사랑하지 않는 사람은 하나님을 알지 못합니다. 하나님은 사랑이시기 때문입니다.'라고 알려주셨는데….

아버지의 큰 사랑을 이제서야 깨닫습니다.

Many times we hate and avoid others for trivial reasons. My Father God was inviting us to the scene of love. God was showing us that His love abounds even for the people of Japan, who had tortured and oppressed Koreans in the past. *(Translator's note: The author is making references to Japanese colonial rule from 1910 to 1945 that took place in Korea.)* God our Father, Father of Love!

He was showing me that the people of Japan are also His children. I cried for a long time in the presence of His endless love. I confessed with my heart, 'Father, I am a sinner.'

The Bible writes, 'We know that we have passed from death to life, because we love each other. Anyone who does not love remains in death.'

He taught us that 'Whoever does not love does not know God, because God is love.'

Only now do I realize the great love of the Father.

아버지! 저는 죄인입니다. 아버지의 사랑 앞에 어찌할 바를 모르고 하염없이 통곡만 합니다.

이 글을 쓰면서 확인해 보니 나가사키는 오래 전부터 무역항으로 번창해서 서구문화가 들어오는 유일한 항구로 일찍부터 그리스도교가 전파된 곳이라고 합니다. 나가사키 데지마는 1636년에 포르투갈인에 의한 그리스도교 포교를 금지할 목적으로 그들을 격리하기 위해 만든 부채꼴 모양의 인공 섬입니다. 이 섬이 완공되자 이듬해 포르투갈 선박의 도항을 금지시켜서 무인도로 변하게 하였고 사 년 뒤에 일본의 명령으로 네덜란드 상업관이 데지마로 이전하게 되었다고 합니다.

나가사키는 1587년 나가사키 언덕에서 선교사 여섯 명과 일본인 스무 명이 함께 순교한 지역이었습니다. 또한 1877년 일본 최초의 그리스도교 신학교인 데지마 신학교가 있었습니다. 가슴이 미어지는 선교의 역사 앞에 "아버지의 사랑은 어디까지일까?" 생각했지만 제 머리와 가슴은 그 자리에 멈춰있는 듯했습니다.

'Father, I am a sinner. I keep wailing in sorrow in front of Your love helplessly.'

While doing research for this writing, I learned that Nagasaki was a flourishing port of trade, the only channel by which Western culture was introduced. I also discovered that Christianity entered Japan through this port. The purpose of building Dejima (an artificial island) of Nagasaki was to isolate Portuguese people to stop them further spreading the gospel in Japan. This fan-shaped island became a deserted island after the Japanese government banned Portuguese ships from entering Japan. Four years later, the Japanese government ordered the Dutch Chamber of Commerce and Trade to move in to Dejima.

Six missionaries and twenty Japanese Christians had been martyred in 1587 on the Hill of Nagasaki. Then, in 1877, the Dejima seminary was established and became the very first Christian seminary in Japan. I stood still and pondered upon the heart-wrenching history of missions in Japan. I wondered, 'Where do the ends of our Father's love lay?' My mind and heart were astounded in the awe of His great love.

# 2. 하나님의 선물이었습니다

**부르심 1**

제가 어렸을 때에 건장하신 아버지께서 한약을 잘못 드시고 갑자기 쓰러지신 적이 있습니다. 저는 너무나 놀라서 태어나서 처음으로 하나님 아버지께 눈물로 기도드렸습니다. 우리 아버지를 살려주시면 교회에 나가겠다고 기도했습니다.

제 기도를 들으셨는지 아버지는 다시 건강해지셨고 저는 부끄러움이 많아서 혼자 교회를 나갈 수 없었는데 하나님 아버지께 약속을 지키기 위해 교회를 나갔습니다.

이런 계기를 통해 저는 중학생 때부터 교회에 다니기 시작했습니다. 매일매일 찬양을 부르고 또 불렀습니다. 찬양 속에서 하나님의 은혜와 예수님의 사랑을 조금씩 더 알아가는 것이 행복했습니다. 지금은 영으로 하나님을 찬양하지만 그때는 그저 찬송이 좋아서 계속 불렀습니다. 저를 구원하시기 위해 십자가에 매달리신 예수 그리스도의 은혜가 가슴에 새겨졌습니다.

# 2. It was God's gift

**Calling 1**

One day, while I was a junior high student, my father unknowingly used an improper dose of some Chinese medicine and suddenly collapsed. I was in shock and prayed to God for the first time in my life. I prayed and promised God that I would start going to church if He saved my father.

God listened to my prayers, and my father soon recovered. Although I was too shy to go to church by myself, I wanted to keep my promise. I started going to church soon after.

This is how God had invited me into His church. I sang praises to the Lord every day, and I was happy to learn more about God's grace and Jesus' love day by day. As a teen, I simply loved singing to God. As I sang, the grace of Jesus Christ, being on the Cross and saving my soul, was gradually being engraved in my heart.

아버지 되신 하나님 앞에 나가 예배드리는 시간이 좋았습니다. 우리의 죗값을 대신하여 제물 되신 예수님의 사랑이 말로 형언할 수 없이 감사했습니다.

성경 말씀에서 우리가 죄인이었을 때에 예수 그리스도께서 우리의 죄를 위하여 죽으셨고 하나님께서는 우리들에 대한 자기의 사랑을 나타내셨다는 말씀을 읽으며 죄인을 구원하시는 하나님의 사랑에 크게 감격했습니다.

그분이 그렇게 하신 것은, 우리가 행한 의로운 일 때문이 아니라, 하나님의 은혜인 것을….

말씀 속에서 저를 구원하심은 제가 의로워서가 아니라 온전히 하나님 아버지의 사랑인 것을 확인하며 감사의 화답은 예배 시간마다 이어졌습니다.

I gladly knelt down to worship my Father God. I was thankful for Jesus' love, the love that redeemed my soul. He offered Himself as a living sacrifice for my sins.

I read from the Bible that God shows His own love for us in that Jesus Christ dies for us and our sins. I was deeply moved by God's great love that saves sinners like me.

God did so, not because of righteous things we had done, but because of His mercy.

Through the Scriptures, I confirmed that God saved me; not because of my righteousness, but fully because of His mercy and love. So, I praised God's love, with thankfulness, during every worship service I attended.

스물두 살 무렵, 우리들을 흑암의 권세에서 건져내셔서 사랑하는 아들의 나라로 옮기셨다고 하신 성경 말씀을 묵상하던 중에 하나님의 사랑에 보답하는 삶을 살아야겠다고 생각했습니다. 새벽작정기도를 드리며 "하나님, 제가 어떻게 하면 아버지 은혜에 감사드리며 살 수 있을까요?" 여쭤보았지만 답을 알 수 없었습니다.

계속해서 칠 개월 동안 기도했습니다. "하나님, 제가 하나님의 영광을 위해 어떤 길을 가야 하겠습니까?" 하지만 아무 응답이 없었습니다.

그러던 어느 날 집으로 가는 지하철 안에서 지하철 기둥에 기대고 말씀카드를 꺼내어 읽고 있었습니다. 시편 37편 23절을 읽고 있는데 갑자기 하늘에서 빛이 내려와 그 말씀을 비추더니 "너는 복음을 전하는 자다."라는 음성이 들렸습니다. 그 음성을 듣고 저는 멍하니 그 말씀에서 눈을 떼지 못하고 있었습니다. 그때 다시 말씀이 들렸습니다. "하나님께서 네 길을 정하시고 그 길을 걷는 것을 기뻐하신다."라고 하셨습니다. 처음 듣는 주님의 음성이었지만 똑똑히 들을 수 있었습니다. 너무나도 명확했습니다.

In my early twenties, I meditated on a Bible verse that proclaimed God has saved us from the dominion of darkness and brought us into the Kingdom of His loving Son. I decided to dedicate my life to reciprocating God's love for me. I began to attend special early morning prayers to ask God in prayer: "God, how should I live to express my thanks for Your grace?" I could not get a clear answer right away.

I continued praying for seven months. "God, what path of life should I choose to glorify You?" Still, there was no answer.

One day, on the train ride home, I was reading through my Scripture cards. As I was reading Psalm 37:23, a light from above shined upon the verse and I heard the voice saying, "You are to spread the gospel." I was not able to take my eyes off the Scripture card. Then I heard the voice again, "God has chosen your paths and He is pleased in it." Although it was my very first time hearing the Lord's voice, I could clearly understand that it was Him speaking.

어리벙벙했던 저는 화가의 꿈을 위해 준비하고 있던 모든 것을 내려놓았습니다. 그리고 복음을 전하는 자의 삶을 살기로 결심했습니다. 굳이 목사나 전도사가 아니어도 복음을 전할 수 있는 길은 너무나 많기 때문에 생활 가운데에서 복음을 전하는 자로 살 것을 다짐했습니다. 그 당시 저는 유치원에서 미술 교사로 근무 중이었는데 최선을 다해 예수님의 사랑으로 아이들을 섬겨야겠다고 생각했습니다. 그리고 기회가 주어질 때마다 아이들에게 복음을 전했습니다. 그러면서 늘 마음에 걸리는 것은 우리 가문에서 가장 강하신 우리 아버지, 그 누구의 전도에도 마음을 열지 않으신 아버지였습니다. 밤마다 아버지의 영혼을 위해 눈물로 기도했습니다.

이 년을 넘게 기도했습니다. 그러던 어느 날 기도하고 있는데 제 마음속에 강한 힘이 몰려오며 아버지께 전도편지를 쓰라는 지혜를 성령님께서 주셨습니다.

I was shocked, but deeply moved and comforted by His peace. I laid down everything I was doing at that time, which was to pursue a career in arts. Instead of living my life as an artist, I decided to dedicate my life for sharing the gospel. I knew there were so many ways to share God's Words, even without being ordained for pastor or evangelist roles. I decided the best way for me was to share the gospel in everyday life. At that time, I was working as an art teacher at a kindergarten school. I wanted to serve my students with the love of Jesus Christ. I shared the gospel with them as often as I could. Still, I was not fully at peace with what I was doing: my heart was burdened every time I thought of my own father, as he had not yet come to Christ. I prayed in tears every night for the salvation of my father.

I continued praying for my father for over two years. One day while I was praying, the Holy Spirit swayed me in a very powerful way. He gave me the wisdom to write a letter to my father inviting him to Christ.

그날 밤, 아버지께 눈물로 쓴 전도편지 아홉 장을 드렸고 감동받으신 저의 아버지는 하나님 앞으로 돌아오셨습니다. 그 때문인지 아버지께서는 그 이후로 저를 효녀라고 부르십니다.

그러던 어느 날, 집에 들어오신 아버지는 낙심한 얼굴로 제게 말씀하셨습니다. "나 오늘 우리 딸 아버지 만나고 왔다." 하셨습니다. 무슨 말씀이신가 했더니 교회에서 하나님을 만나고 오셨다는 말씀이었습니다. 제 생각에는 하나님 말씀대로 살지 못하신 당신 자신에 대한 아픔이 있으셨던 것 같습니다.

또 어느 날도 출타하셨다가 돌아오시더니 깊이 한숨을 쉬시며 "나 오늘 우리 딸 아버지 만나고 왔다." 하셨습니다. 알고 보니 기차 안 옆자리에서 어느 신실한 성도님이 열심히 전도하는 것을 보시고 하신 말씀이었습니다.

That night, I wrote a nine-page letter inviting him to receive Jesus Christ. My heart was full of love for my father. Tears fell as I was writing the letter. He was greatly touched and moved, and he came back to God after reading my letter. Since then, he started calling me "good daughter."

One day, he came home and told me with a sad face, "I met my daughter's Father today." I was puzzled by what he meant. He was referring to having met God during worship at church. It seemed that he felt pain from realizing how ungodly his life had been, before he believed in Jesus.

He told me again, a few days later, with a very deep sigh, "I met my daughter's Father today." He explained that he saw a sincere Christian, who was sitting next to him on the train, sharing the gospel to other passengers.

아버지께서는 그때 적잖이 큰 충격을 받으셨던 것 같습니다. 아버지는 제게 "난 네 아버지 자격이 없는 사람이다. 네 아버지는 하나님이시다."라고 하셨습니다.

그렇게 아버지께서는 이십여 년 동안 성실히 신앙을 지키셨습니다. 어느 날 아버지는 제게 전화를 걸어 "나 이제 천국 간다. 아버지 먼저 가니까… 잘 있어, 잘 살아라!"라고 당부하셨습니다. 너무나 강건한 목소리로 말씀하셔서 저를 향한 사랑의 말씀인 줄만 알았는데 정말로 열흘 만에 천국에 입성하셨습니다.

아버지, 죄송합니다.

아버지, 사랑합니다.

과거를 돌아보면 성령님께서 저희 가족에게 복음을 전해 주신 통로는 아버지였습니다.

My father seemed to be in shock. He told me, "I don't deserve to be your father. Your true father is the Father in heaven."

Since then, my father wholeheartedly believed in God for about twenty more years. One day, he called me and said, "God is calling me to heaven now. I'm going to go to heaven before you. Take care and live a good life." His voice was full of strength, so I just thought that he was expressing his love to me; however, he passed away to be with our Father in heaven ten days after he called me.

Father, I'm so sorry.

Father, I love you.

When I looked back, it was clear to me that the Holy Spirit used my father as a channel to introduce the gospel to our family.

어릴 때 가장 행복한 날 중 하나는 12월 24일과 25일이었습니다. 늘 바쁘셨던 부모님께서 그 날만큼은 저희와 함께 기쁘게 시간을 보내셨습니다. 크리스천 가정이 아니면서도 매년 크리스마스만 되면 온 집안에 크리스마스 장식을 했습니다. 가장 좋은 금색, 은색 종이와 색종이를 잔뜩 사다 주시고 마음껏 자르고 오리며 우리들의 생각대로 표현하고 꾸미도록 해주셨습니다. 평상시에는 먹을 수 없는 제과점 과자도 집에 가득했습니다.

이틀이나 계속되는 즐거운 잔칫날은 말 그대로 '오, 해피 데이!'였습니다. 그 가운데에서 경험한 기쁨은 자유와 평강이었고 따스한 봄날 같은 사랑이었습니다. 그 때문인지 저희 온 가족이 교회 문턱을 넘는 것은 어렵지 않았습니다.

우리들에게 교회는 기쁨과 즐거움, 감사가 머무는 그런 장소였습니다.

When I was a child, my favorite times of the year were Christmas Eve and Christmas Day. Back in the sixties and seventies, whether religious or not, celebrating Christmas in Korea was very rare. Although my parents were constantly busy, they always took some time off to celebrate Christmas with us. Even though my family was not Christian, our entire house would be fully decorated with Christmas joy every year. My parents gave my siblings and me gold, silver, and other colorful papers, which were expensive and rare items in those times. We would cut them out, make different shapes, and decorate the papers however we wanted. We would enjoy delicious Christmas treats.

The two-day festival was truly our 'Oh, happy day!' moment. What I felt during those times was joy, peace, freedom, and the warmth of love – like a spring breeze. I think it was one of the reasons why my family absorbed Christianity with ease after receiving Jesus Christ.

Church was a place of joy, happiness, and thankfulness for us.

**부르심 2**

하나님께서 부르셨기에 결혼을 하지 않고 복음을 전하는 자로 헌신
하겠다고 결심한 저에게 주님께서는 좋은 남편을 보내주시고 결혼하
라는 기도 응답을 주셨습니다. 아이를 낳으면서 주일학교 교사로, 부
장으로 헌신하던 저는 어린이 사역을 조금 더 효과적으로 하기 위해
서 신학교에 입학했습니다.

어느 날 개인연구발표를 마친 뒤 교수님으로부터 최고의 학생이란
칭찬을 받게 되었고 뒤이어 시기심 많은 동료로부터 엉뚱한 모함도
받게 되었습니다. 억울하게 누명을 쓴 저는 해명할 방법도, 어떻게
대처해야 할지도 몰라서 그저 눈물만 흘리고 있었습니다.

## Calling 2

In my early twenties, I thought it was my calling to abstain from marriage so that I could completely devote myself to God and spread His gospel. However, God sent me a wonderful young man and called me in my prayer to marry him. While raising my two lovely children, I served as a Sunday school teacher and enrolled myself to a seminary. I wanted to serve God better through children's ministry.

At the seminary, after I gave a research presentation, one of my professors gave me a huge compliment in front of the entire class. Some of my classmates became jealous and spread false rumors about me. I was speechless and did not know what to do. All I could do was cry in sorrow.

그렇게 며칠을 보낸 후에 몸이 아프기 시작했습니다. 온몸에 통증이 있고 깊은 호흡이 힘겨웠습니다. 계속되는 고통이 견디기 힘들어서 저의 아픔을 남편에게 자세히 이야기했습니다. 저의 고통을 들어주던 남편은 하나님께서 다 아시고 계시니 마음에서 떨쳐 버리라고 날마다 위로해 주고 격려해 주었습니다.

위로하고 지지해 주는 남편의 사랑에 힘입어 저는 많이 회복되었지만 억울한 마음은 다 정리하지 못했습니다. 가슴에 통증을 안은 채로 저의 원통함을 풀어달라고 날마다 기도했습니다.

그렇게 한 달쯤 지난 어느 날 주님은 제 마음에 응답을 주셨습니다. "회개하라." 하셨습니다. 조금 놀라웠지만 곧 이해할 수 있었습니다. 저의 마음속 깊은 곳에서 제게 상처를 준 학우를 증오하고 있었습니다. 미워하고 있었습니다.

악을 악으로 갚지 말고 복을 빌라고 말씀하신 주님!
제게 복을 주시기 위해 말씀으로 당부하셨는데도 저는 마음으로 그 학우를 미워하고 원망하고 있었습니다. 순간 주님 앞에 있는 제 모습이 부끄러웠습니다.

After several days of distress, I fell ill. My body was full of pain. I was in so much pain that it was hard for me to breathe. Being misconstrued by my classmates and professors was agonizing. I shared my sorrow with Song in detail. He listened to my distress with empathy, and he also consoled me by reminding me of God's love and faithfulness.

Song's loving care helped me greatly but it was not enough for me to be fully recovered, both emotionally and physically. The pain still remained in my heart. I took my pain to God in prayer so that He would take them away.

After a month or so had passed, the Lord gave me an answer for my troubled heart. He told me to repent. I was surprised, but I could understand. Deep inside my heart, I held bitterness toward the classmate who slandered me. I had hatred. I held grudges.

Even when the Lord taught us not to repay evil for evil, but bless so that we will be blessed, my heart was still filled with hatred and resentment. I felt ashamed of myself in front of the Lord.

미워하며 용서하지 못하고 원망만 하고 있었던 저의 못난 모습이 부끄러웠습니다.

저는 저의 행위가 정당했다고 생각했는데 가만히 묵상하며 돌아보니 저도 그 학우와 차이가 없는 똑같은 죄인이었습니다. 하나님 앞에 죄송하고 할 말이 없었습니다. "하나님 죄송합니다. 저를 용서해 주세요. 그 학우를 미워했던 마음을 회개합니다. 저를 모함한 그 학우를 용서합니다."

눈물을 흘리며 저의 죄를 고백하고 그 학우를 용서하는 기도를 드렸습니다. 기도하는 동안 제 주위를 어떠한 것이 감싸는 것 같이 느껴졌습니다. 말로 형용할 수 없는 평안이 잔잔한 물결같이 몰려와서 솜털 같은 구름처럼 포근하게 저를 둘러싸 안았습니다. 슬픔과 고통으로 쌓였던 마음의 통증이 온데간데없이 사라졌습니다. 그리고 무엇으로도 말할 수 없는 부드러움으로 가득 찼습니다.

억울함의 고통이 어떤 것과도 비교할 수 없는 기쁨으로 바뀌어 있었습니다. 숨조차 쉬기 힘들던 제 몸의 통증이 사라졌고 제 마음의 상처도 사라졌습니다.

I was immature, and I could not forgive them. I harbored the hatred and resentment in my heart.

I had thought my acts were justifiable, but I realized I was a sinner. I was no different than the classmate who accused me with the false claims. I was speechless in front of God. "God, I am so sorry. Please forgive me. I repent of my sins; I repent from hating my classmate. I forgive the classmate who slandered me."

I confessed my sins in tears and prayed for the strength to forgive my classmate. As I was praying, I felt as if warm air was surrounding me tenderly. I was submerged in indescribable peace that came in like a gentle wave. My heart felt like it was being hugged by a plush, cotton cloud. All the pains and sorrows in my heart disappeared completely. My heart was full of tenderness that was beyond words.

The pains of my sufferings had been transformed into incomparable joy. The pains that hurt my body and hindered my breathing were gone. I was not feeling pain in my heart anymore.

놀라운 일이었습니다. 내 몸의 아픔도 마음의 고통도 다 가져가신 주님! 주님께서 주시는 평강이 주는 큰 기쁨을 처음 경험했습니다.

"하나님 아버지 감사합니다. 감사합니다. 아버지께 제가 무엇을 드릴 수 있을까요?" 말로 다 표현할 수 없는 기쁨을 경험한 저는 좋으신 하나님께 무언가 드리고 싶어서 그렇게 말씀드렸습니다. 그랬더니 하늘에서 음성이 뚝 떨어지듯 주님께서 말씀하셨습니다.
"전도사."
전도사를 하라는 말씀이었습니다.

저는 조금 놀라서 "주님! 제 남편이 먼저 허락해야 하는데요, 주님께서 정말 제가 전도사 하기를 원하신다면 세 분의 목회자에게 전도사로 섬겨도 된다는 말을 듣게 해주세요."
이렇게 주님께 기도로 부탁드렸습니다.

제 자신이 너무나 부족하기 때문에 확인을 받지 않고서는 전도사를 하지 못할 것 같았습니다. 또한, 그 기도를 하기 세 달 전쯤 남편으로부터 신학 공부를 마쳐도 전도사는 하지 않았으면 좋겠다는 의견을 들었기 때문이었습니다.

The Lord had taken away all of the pains in my body and soul - Hallelujah! It was the first time for me to experience the great joy that comes from the peace given by the Lord.

"Heavenly Father, thank you. Thank you! I want to reciprocate my love for you. What can I do for You?" I asked God out of extravagant joy. I wanted to give Him something in return. His answer fell on me from the sky.

"Evangelist."

He wanted me to work as an evangelist.

I was a bit surprised and asked the Lord in prayer. "Lord, I need Song's support for that. If you really want me to become an evangelist, please let me hear it from three different pastors."

I knew of my own weaknesses all too well, so I felt that I was not good enough to be an effective evangelist. I needed confirmation from God. Moreover, Song had already told me about three months prior to this prayer that he would prefer me not to work as an evangelist after completing my theological degree.

바로 그날 저녁, 기도 응답 내용은 말하지 않고 단지 전도사를 하면 어떻겠는지 남편에게 물어봤는데 그는 주저 없이 "하나님께 영광이니 전도사로 사역해요."라고 대답했습니다. 또한 세 분의 목회자에게서 "우리 교회 전도사로 사역해주세요."라는 제안을 받게 되어 하나님의 응답임을 확인하고 그 중 한 교회에서 교육전도사로서 사역을 시작하게 되었습니다.

On the evening of that same day, I asked Song what his thoughts were about me working as an evangelist. I had not yet shared with him God's answers to my prayer. Without any hesitation, he gladly said in a supporting voice, "It is for God's glory - you should do it." Also, three pastors, from different churches, invited me to work for their churches. I received it as a solid confirmation of my prayers. I started working as a Sunday school pastor in one of the churches.

# 3. 예수님 죄송합니다

전도사 사역을 시작하고 어린이 예배를 섬기던 시절의 일입니다. 주말에는 늘 교회 활동으로 바빴습니다. 토요일 오후에는 남편과 함께 전도를 하고, 저녁에는 교회에 가서 성가연습을 마친 후, 다음 날 아이들을 태우기 위해 교회 승합차를 타고 집에 옵니다. 주일이 되면 어린 두 아이를 준비시켜서 아침 이른 시간에 남편과 함께 교회로 향합니다. 그리고는 교회 아이들을 데리러 갑니다. 교회 생활에 아직 적응하지 못한 아이들이나 집이 멀어서 부모님이 교회까지 데려다주기 어려운 아이들을 예배에 데리고 오기 위해서 몇 시간 일찍 집을 나서는 것입니다.

교회에서 먼 곳에 사는 아이들을 먼저 데리고 온 후, 다시 교회를 출발하여 가까운 곳에 살지만 교회 생활에 적응이 안 돼서 일찍 준비하지 못하는 아이들을 데리러 갑니다. 한 달이나 두 달 정도 데리러 가면 가까이 사는 아이들은 보통 적응이 되어 혼자서 교회에 오기 때문에 기쁜 마음으로 아이들을 데리러 갔습니다.

# 3. I'm sorry Jesus

This anecdote dates back to the time when I was serving in children's ministry. Weekends were always busy and full of church activities. On Saturdays, we would have evangelism activities in the afternoon and choir practice in the evening. After that, we would drive the church van home so that we could pick up Sunday school kids the next morning. On Sunday mornings, we would leave our home hours before the morning service. Song and I volunteered for picking up the children. Children who were new to church, who lived far from church, or whose parents found it difficult to make time to drop them off needed rides.

We would usually pick up the kids who lived furthest from the church first. Next, we would drop them off at church and then pick up the kids who lived nearby. Song and I gladly volunteered. After a month or two, the kids who lived nearby adapted themselves well and came to church on their own.

남편도 저도 늘 즐거운 마음으로 봉사했습니다. 아이들을 데리고 오는 차량 봉사를 마치면 교사기도회와 설교준비 등 더 해야 할 사역이 있기 때문에 주일 아침 시간은 단 몇 분이라도 소중했습니다.

어느 한 집은 이 년 동안 주일 아침마다 데리러 갔지만 늘 교회 갈 준비가 되어 있지 않았습니다.

저는 조심스러운 마음으로 그 집에 들어가서 자고 있는 아이들을 깨워서 옷을 입히고 준비시키거나 어떤 날은 문 밖에 서서 들어오라고 할 때까지 기다렸습니다. 어느 추운 겨울날이었습니다. 그 날도 아이들은 준비되어 있지 않았고 저는 문 밖에서 한참 동안을 추위에 떨다가 겨우 집으로 들어가서 아이들을 준비시키고 교회로 함께 왔습니다.

그런데 그 날 제 안에 쌓여 있던 설움이 터져 나왔습니다. 이 년이 넘는 시간 동안 기쁘게 봉사했지만 제 인내심에 한계가 온 것이었습니다. 눈에서 눈물이 흘러내리는데 멈출 수가 없었습니다.

Every minute counted on Sunday mornings. After the pick-up, we would lead prayer meetings for the Sunday school staff. Then, as a final checkup, we would double-check the sermon message for the children.

However, there was one particular family, whom I had been visiting for over two years then. The children had never been ready on time in the entire two years of picking them up for church.

I would normally ring their doorbell, tiptoe into their house, wake up the kids, help them get ready like their mom would, or wait outside until they were ready. During one cold winter morning, no one had answered the door; so I had to wait outside, trembling in the cold for a long time. I barely managed to go inside to help the children get ready for church.

After driving back to church, my saddened heart exploded. Although I had been willingly and gladly serving the Lord for over two years, my patience had reached its limits. Sob after sob, I could not stop crying.

어린이 예배를 마치고 나서 교회에 앉아 있는데 제 마음속에서 눈물이 복받쳐 올라 아무도 모르게 울었습니다. 대예배 시간이 되었지만 서러운 마음이 안정되지 않아서 예배를 드릴 수가 없었습니다. 이렇게 불편한 마음으로 하나님께 차마 예배드릴 수 없었습니다. 마음을 정리하고 찬양을 드리려고 아무리 노력해 봐도 눈물만 흘렀습니다.

다들 하나님께 찬양하며 예배를 드리는데 저는 무리 중에 홀로 마음이 정리되지 않은 채로 앉아 있었습니다. 그리고 이런 제 모습이 부끄러워 '하나님, 죄송합니다. 죄송합니다. 하나님, 너무 죄송하지만, 속상한 제 마음이 정리되지 않습니다.'라고 마음속으로 말하고 있었습니다.

다른 성도님들은 마음을 다해 하나님을 찬양하고 있는데 저는 마음을 정리하지 못한 채 눈물만 흘리고 있었습니다. 누구에게도 말하지 못하는 아픔을 눈물로 흘려 내보내고 있었습니다.

그때 제 눈앞에 예수님의 형상이 보였습니다. 말로 다 형용하기 어려울 정도로 험한 모습이었습니다.

I sat down on the church pew after the children's service, and I cried silently. It was time for the adult's worship gathering, but I couldn't calm down. I tried to focus on the worship, but I could not worship God with such a troubled heart. No matter how hard I tried to silence my heart and sing praises, only tears fell.

Everyone around me was worshipping and praising God, but I was the only one who sat down alone with all the confused thoughts. I was so ashamed of myself and kept silently praying, "Father I am sorry. I am so sorry, but I'm broken inside."

Everyone else around me was worshipping God with all their hearts - I was crying in the midst of them. I was letting out the pains of my heart through tears. I could not share the pains of my heart with anyone.

Then I saw Jesus in front of me - He was in such a pain I could not dare to describe.

그리고 이렇게 말씀하셨습니다. "나보다 네가 더 하냐?"

저는 예수님의 그 한 마디에 아연실색하고 말았습니다. 눈물을 삼켰는지 훔쳤는지도 모른 채 제 입에서는 "예수님 죄송합니다. 예수님 죄송합니다."만 반복하고 있었습니다.

저를 보시는 예수님의 형상은 온몸에 피가 엉겨 붙도록 고초를 당하신 모습이었습니다. 고통을 삼키느라 살이 찢기고 일그러진 모습이었습니다.

멸시를 받아 외로움과 고독으로 얼룩진 모습이었습니다. 그러나 예수님의 눈빛에는 무엇이라 표현할 수 없는 빛이 있었고 저를 보시는 애처로움이 있었습니다.

자신을 버린 사람들을 위해 기도하신 예수님!

주님을 따르던 많은 무리들이 다 도망가 버리고 예수님 홀로 고난의 길을 감당하셨음에도 제자들의 미숙한 마음을 이해하시고 먼저 다정하게 찾아가셔서 '나를 못 박으라고 외친 저들이 내 양이니 너는 내 양을 먹이라'고 당부하신 예수님!

사랑한다
I Love You

He said, "Are you in more pain than I am?

I became speechless. My lips kept confessing, "Jesus I am so sorry. Please forgive me."

I saw Jesus who was beaten and bloodied, disfigured and mangled. His body was torn and crushed, full of immense pain.

He looked lonely and tired from the humiliation and suffering. Yet His eyes, when they looked into mine, had shine beyond words; full of compassion and mercy.

Jesus prayed for forgiveness for those who abandoned Him and crucified Him.

Even when all of His disciples fled, and He had to endure the unthinkable sufferings alone, Jesus understood their immature hearts. Although they fled, He still asks them to care for His sheep - the people who crucified Him.

예수님의 그 사랑 앞에 저는 아무 말도 할 수 없어서 "예수님 죄송합니다."만 되뇌고 있었습니다.

한참이 지났지만 예수님 앞에서 차마 고개를 들지 못했습니다. 봉사의 작은 십자가도 제대로 지지 못하고 아프다고 떼쓰는 이 어린 제자를 품어주신 예수님 앞에 엎드려 있었습니다. 불평만 했던 미성숙한 제 모습이 부끄러웠습니다.

제 십자가를 지고 나를 따라오라고 예수님이 이렇게 부탁하셨는데 저의 소욕과 예수님의 사랑이 부딪히는 부끄러움에 얼굴이 붉어졌습니다. 그리고 조용히 주님의 십자가를 바라보았습니다.

부끄러운 저의 모습을 회개하고 나니 제 안에 성령님이 평안으로 찾아오셨습니다.

어느덧 제 마음속에 하나님께서 주신 기쁨이 가득했고 부끄러운 저의 모습이 겸손과 감사로 덮여 있었습니다.
많은 시간이 지나고 되돌아보니 이 사건을 통해 저를 예수님의 사랑의 제자가 되도록 훈련하셨습니다. 예수님이 십자가에서 보여주신 사랑의 흔적이 남아 저로 하여금 더 많은 사람을 품을 수 있게 하셨습니다. 감사합니다, 예수님!

In front of His beautiful love, I was speechless. "Jesus, I am so sorry. Please forgive me," was the only thing that I kept repeating.

Even after a long while, I could not lift up my head in front of Jesus. He embraced me, this young disciple who was crying over such a small burden - a small cross to carry. I was so ashamed, because I had been nagging and complaining; it was immature of me.

Jesus said to us to take up our own cross and follow Him. As I was reminded of how Jesus has taught us, I felt ashamed to see my trivial wants clashing with the boundless love of Jesus. I became silent and looked upon Jesus' Cross.

As I was repenting, the Holy Spirit came to my heart in peace.

My heart was filled with God's divine joy. My shame was clothed with a humble and thankful heart.
As I look back now, God was training me to become a disciple of love in Jesus. I learned to embrace more people. I learned to bear the steps of Jesus' love He showed on the Cross. Thank You, Jesus!

# 4. 낙심 가운데 위로의 열매

유·초등부 전도사로 사역할 당시 주중에는 어린이 전도와 가정 심방을 하고 토요일 오후에는 퇴근한 남편과 함께 교회 근처의 집집마다 문을 두드리며 전도를 했습니다. 여러 집을 가보았지만 쉬이 문을 열어주거나 저희를 반겨주는 이가 없었습니다. 한번은 무섭게 보이는 아저씨에게 복음을 전했는데 때를 기다렸다는 듯이 그리스도인을 욕하며 독설을 삼십 분가량 퍼붓는 것이었습니다.

이유 없이 욕을 들어야 하는 상황도 힘들었지만 더 가슴이 아픈 것은 그 분께 변화의 동기를 드리지 못하는 저의 모습이었습니다. 몇 번의 차분한 권면에도 욕설만 돌아와서 가만히 이야기를 들어드리다가 인사하고 나왔습니다. 저런 분도 변화시킬 수 있었으면 좋겠는데 그렇게 하지 못하는 저를 보며 스스로 낙심이 되었습니다.

# 4. Fruits of comfort in the midst of despair

During my time serving as a Sunday school pastor, I dedicated my weekdays to evangelism – focusing on children and visiting their homes. On Saturday afternoons, Song and I would visit the surrounding neighborhood of our church to randomly knock on doors and share the gospel. Although we knocked on countless doors, few would greet us or open their doors. One day, a fierce-looking man poured out his criticism on us for more than half an hour.

It was not easy facing all the negativity and hatred. However, what made my heart even sadder was that I couldn't convince him to receive Jesus. We tried many times to persuade him, but he kept on lashing out his criticisms. All we could do was to listen to him politely. My only wish was to witness people like him receive the gospel, but I was disheartened by my inability.

전도하러 나선 어떤 날에는 문이 열려 있는 집을 발견하고 기척을 낸 후 들어갔습니다. 들어가 보니 할머니 한 분께서 어두운 방에 누워계셨습니다. 말씀을 나눠 보니 할머님은 예수님을 이미 영접하신 분이었습니다. 연세가 아흔 살이 넘으셨고 몸이 너무 힘드셔서 이제는 교회에 나가지 못하시고 방에 늘 누워 계신다고 했습니다. 저와 남편은 토요일마다 전도를 마치고 난 후 할머님 댁에 찾아가 손도 주물러 드리고 기도도 해드렸습니다. 할머님께서는 어린아이처럼 방긋방긋 웃으시며 마치 천국에 온 것 같다고 기뻐하셨습니다.

아흔두 살 되시던 어느 날, 할머님께서는 천국으로 가셨습니다. 할머님을 생각하면 가끔씩 마음이 아렸고, 이곳에서 더 뵙지 못한 것이 아쉬웠습니다. 하지만 천국에 가셨을 할머님을 생각하면 오히려 흐뭇합니다. '할머님 천국에 잘 가셨어요? 천국에서는 할머니 아프지 않으시니까 제 마음이 좋아요! 할머니도 행복하시죠?' 늘 뼈마디가 아프다고 하셨는데 천국에서 편히 쉬실 거란 생각에 오히려 마음이 편안해졌습니다. 그리고 천국을 만들어 주신 하나님 아버지, 우리 아버지께 너무너무 감사했습니다.

On one Saturday afternoon, we knocked on another door. We met an old lady who was laying down by herself in a dark room. We started talking with her and learned that she had already received Jesus in her heart. She was over ninety years old. She was too weak and feeble to go to church by herself. My husband and I began to visit her every Saturday to pray for her, after finishing our regular evangelical activities. We talked with her and gave her hand massages. She would smile like a child and express her joy, saying that she felt like she was in heaven.

She went to the true heaven after she turned ninety-two. When I thought of her from time to time, my heart would ache. I wished we had seen her more often before she was called to heaven. Yet, I am thankful because I know she went to our Father's House. 'Are you well in heaven above? I know you are no longer in pain. It gives me comfort knowing that. You are happy in heaven, right?' I remember her saying that her joints were in great pain. She would not be in pain anymore in heaven. I thanked our Heavenly Father for creating heaven for us.

하지만 오랜 기간 동안 많은 시간을 내어 가가호호 복음을 전해도 눈에 보이는 큰 열매는 없었습니다. 어떤 책에 보니 한 분은 찬물을 바가지로 몇 번을 맞고도 기어이 전도했다는데 그보다 쉬운 상황에서 전도하면서도 저는 마음이 참 어려웠습니다. 조금씩 낙심되기 시작했습니다. 가가호호 전도한다는 것이 제게는 너무 힘들었습니다.

하지만 유·초등부에 출석하는 아이들을 심방하고 하나님을 믿지 않는 부모님께 복음을 전해드리면 어렵지 않게 신앙생활을 시작하는 분들이 있었습니다. 그렇게 유·초등부 아이들의 집을 심방하며 전도하다 보니 낯이 익은 부모님께서는 교회는 나오지 못해도 자신의 삶의 고민을 나누기도 하셨습니다.

남편의 반대 때문에 교회에 나오실 수 없는 분은 예수님을 영접할 수 있도록 도와드리고 교회에 출석할 수 있는 환경을 위해 기도하도록 권면했습니다.

Even though Song and I continued evangelism for a long time, it wasn't as fruitful. Once, I read a story of a Christian and his evangelical activities. He continued to share the gospel, even when a stranger poured buckets of cold water on him. My circumstances were better than his, but still, it was disheartening. I was slowly losing courage; continuously knocking on the doors of strangers and being unwelcomed was not an easy task.

On the brighter side, some parents of the Sunday school children opened their hearts when we visited them. Some of them became close with us and started sharing their worries and innermost thoughts of life with us.

Some mothers were unable to come to church on Sundays because of their husbands' opposition. We visited them, and we helped them to receive Jesus. We also encouraged them to pray for change in their circumstances, so that they could worship God at church.

잘 모르는 가정을 집집마다 찾아 다니는 방문전도는 어려웠지만, 유·초등부 아이들의 가정을 심방하며 아이들을 격려해 주고 부모님들과 친밀한 관계를 맺으면서 하나님의 사랑을 나누는 전도는 큰 어려움 없이 계속할 수 있었습니다.

Sharing the gospel with strangers was difficult for me. However, encouraging Sunday school children and their parents to grow their faith was something I could do. By maintaining friendly relationships, I was able to share God's love and His gospel without much difficulty.

# 5. 꽃게 다리

이십 대 초반에 매일 하나님을 예배하고 찬양하며 하나님께 이야기하는 시간이 참 좋았습니다. 기도와 말씀, 그리고 찬양을 통하여 주님과 동행하는 과정이 제게 평안을 주었습니다. 아마도 이 평안 때문인지 제 얼굴에는 늘 미소가 있다고 사람들이 말하곤 했습니다.

그 이후 스물다섯 살에 결혼과 함께 맞이한 힘겨운 시집살이 때문에 결혼 전과 같이 앉아서 기도할 시간은 많지 않았지만 시시때때로 하루에도 수십 번씩 마음으로 주님께 기도드렸습니다. 상상할 수 없는 고통 가운데 기도하지 않으면 살 수 없었고 하나님을 찾지 않으면 견딜 수 없었습니다.

# 5. Crab legs

In my early twenties, I enjoyed worshipping, praising, and having fellowship with God every day. I was trained to walk with the Lord through this routine. Daily devotional gave me peace within. People around me would often say that I 'always have smile on my face.' I believe it was due to this peace the Lord gave me.

After I got married at the age of twenty-five, my life became busy with supporting my new family. It was particularly more difficult coping with harassment from my mother-in-law. Although I was unable to find time to worship and pray to God as I could before, I would silently pray as often as I could during the day. My suffering was so painful, and I could not live without praying. Not a single day went by without seeking God.

겨우내 언 땅을 뚫고 올라온 작은 풀잎을 보고도 부러워하던 시간이었습니다. 그 단단한 땅과 추위를 이기고 초록의 잎새를 든든히 세워서 세상을 향해 내딛는 두 잎의 새싹이 얼마나 대단해 보이던지요. 자신의 삶을 향해 힘차게 내딛는 어린 새싹들이 한없이 부러웠습니다.

시집살이하는 동안 저는 한 명의 인간이 아닌 시어머님의 하인으로 살고 있었습니다. 날마다 끝이 없는 억지와 불호령을 이겨내려니 눈물의 기도로 살 수밖에 없었습니다.

시어머니께서 새벽기도에 가신 시간이면 저도 몰래 새벽기도에 다녀오고, 점심식사 후 어머니께서 잠깐 주무시는 틈을 타 기도했습니다. 저녁이 되면 가정예배를 드리고 11시 30분이 지나야 제 방에 가도록 허락하셨습니다. 하루하루 사는 것이 너무 힘들다 보니 밤에도 혼자 기도하며 하나님께 제 아픔을 아뢰었습니다.

During those times, my life seemed meaningless under the harassment of my mother-in-law. I was disheartened so much that I thought even the tiniest buds that bloomed from the frozen winter ground would have more energy than I did. I longed to have the energy and zeal of the baby buds. They were full of life that could endure the cold winter and rise and bloom to the world.

I was working as if I were a personal maid to my mother-in-law. She would make me do endless chores and still scold me for no good reason. She would explode and direct her anger toward me, even when it was not my fault. My days living with her were full of tears. Prayer was my only hope.

I would secretly go to early morning prayer service, only after my mother-in-law went to hers. I found time for daily devotional, secretly, during her short afternoon naps. After a long day of scolding and endless chores, I was released from her surveillance after 11:30pm - after the family worship. The next day was another day of endless work and harassment. This would be repeated day after day. My only comfort came from prayer. I shared my troubled heart with God every night.

시집살이를 시작한 지 칠 년이 지나자 제 몸은 죽음의 위기에 이르렀고 급기야는 쓰러지게 되었습니다. 병원에 입원해서 각종 검사와 필요한 치료를 받고 한의사의 도움도 받았습니다. 어느 전도사님께 받은 상담도 큰 도움이 되었지만 가정환경이 변화되지 않은 상황에서 근본적인 해결책은 찾지 못했습니다. 제 몸은 위험한 상태를 넘나들었고 호흡이 날마다 어려워지고 있었습니다.

저는 직감적으로 천국에 갈 때가 왔다고 생각하고 아이들을 하나님께 맡기는 기도를 드렸습니다. 아이들을 떠난다는 슬픔에 간절히 기도를 올린 지 두 달이 넘어가고 있었는데 주님께서 '내가 너를 살려주겠다.' 하시는 음성이 희미하게 들렸습니다.

저는 하나님의 은혜로 다음날부터 회복되기 시작했습니다. 더디지만 제 몸은 기적같이 살아나고 있었습니다. 그리고 결혼한 지 팔 년이 되던 어느 날 분가하게 되었고, 일주일에 두 번 정도 어머님을 뵈었습니다. 여전히 힘들게 하셨지만 예전 같은 고통의 삶은 아니었습니다.

After seven years of suffering, my body was on the verge of life and death. I passed out one day. I was hospitalized for recovery and medical check-ups. I also went to see a doctor in oriental medicine. Yet, I was still far from being fully recovered. I even went to speak with a minister for counseling. The counseling also helped me a lot; however, I was not able to find a lasting solution, not before making fundamental changes to my circumstances. My physical condition was at a risky state. My body was losing health, and even breathing in and out was causing me pain.

I instinctively knew that my time had come. I started praying to God to take care of my girls. After two months of my desperate and sorrowful prayers, I distantly heard the Lord's voice, 'I will give you life.'

From the next day, I started to recover miraculously. It was the pure grace of God. My body was coming back to life, slowly but steadily. In the eighth year of marriage, Song and I moved out from my mother-in-law's home. From then, we only visited her twice a week. She continued to scold me and harass me when I visited her, but my life was not as miserable as before.

자유롭게 새벽기도에 가서 마음껏 기도했고 낮에도 찬양으로 집을 가득 채웠습니다. 저녁에 온 가족이 함께 드리는 가정예배는 감사로 충만했습니다.

그렇게 삼 년쯤 지난 어느 겨울날이었습니다. 겨울에 새벽기도를 나가는 것이 춥고 몸도 피곤하여 두 달 정도 쉬던 중이었습니다. 곤히 잠든 새벽에 꿈인지 생시인지 구별이 되지 않는데 커다란 꽃게 한 마리가 다리가 다 떨어진 채 몸뚱이만 남아 있는 모습이 보였습니다. 이내 주님의 음성이 제 마음을 울렸습니다. "네가 기도 없이 어찌 이 길을 가겠느냐?"

저는 화들짝 놀라 일어나서 무릎을 꿇었습니다. 주님께서 무엇을 말씀하시는지 바로 깨달았습니다. 꽃게가 다리가 떨어지면 조금도 움직일 수 없듯이 하나님의 자녀가 기도 없이 이 땅의 삶을 살아갈 수 없다는 것을 알게 하셨습니다. 또한 이러한 상태로는 예수님을 따르는 제자의 길을 승리함으로 갈 수 없다는 것도 깨닫게 하셨습니다.

I started my days by going to early morning prayer service. I was free as a bird. During the day, I filled my house with praises to the Lord. In the evening, Song and I had family worship that was full of joy and thankfulness.

It was one winter night, about three years after my family moved out from my mother-in-law's home, when I experienced the following situation. It had been too cold to go to early morning prayer service every day, so I had stopped going for about two months. On this winter night, I was fast asleep. I still cannot tell whether I was dreaming or not. I saw a crab with all its legs torn from its body. Soon the Lord's voice rang in my heart, 'How can you follow My path without prayer?'

I woke up in shock the second I heard the voice. I knelt down before the Lord. I understood what the Lord was telling me. He wanted to give me a lesson: God's children cannot live another day without prayer, just like a crab cannot move an inch without its legs. I also came to understand that prayer is indispensable to live victorious lives, as disciples following Jesus.

그 일이 있은 후에 저는 감사의 찬양과 기도의 시간을 더 많이 드렸습니다. 기도의 시간은 수많은 사람을 위해 간구하는 중보기도로 이어졌고 전도해야 될 사람들을 위한 중보의 지경을 넓혀가며 온전히 모든 일을 주님께 이야기하며 맡기고 기도하는 삶을 살게 되었습니다.

After this incident, I spent more time praying to God and praising Him in thankfulness. As I prayed more, I also began praying for others in intercessory prayer. Soon, the boundary of intercession expanded to embrace more non-believers as well. God trained me to pray for everything in my life and to confide in Him every day.

# 6. 기도는 무기이다

약 삼십 년간 기도생활을 하면서 기도는 우리의 무기인 것을 깨달았습니다.

성경에서 주님이 우리가 기도할 때마다 우리에게 가까이 해 주신다고 말씀하신 것처럼, 기도할 때마다 저에게 필요한 지혜를 주시며 마주친 문제를 도우시고 상황을 열어주셨습니다.

무슨 일에 있어서든지 기도해야 한다고 말씀을 통하여 또박또박 알려주신 것처럼 기도하면 제가 알아야 할 것들을 정리해 주시고 버려야 할 것들을 깨닫게 하셨습니다.

두렵고 힘든 일로 기도하면 제 마음과 생각을 지켜주시고 평안으로 인도해 주실 뿐만 아니라 어느덧 강함도 부어 주시고 담대함도 덧입혀 주셨습니다.

# 6. Prayer is a weapon

After more than thirty years of daily prayer and devotion, I learned that prayer is our weapon as Christians.

As the Lord tells us in the Bible that God is near us whenever we pray to Him, He provided me with wisdom through prayer. He helped me to cope with my problems in prayer. When I would pray, He would open doors when there appeared to be none.

He instructs us through Scripture, that we should pray in any situation, regardless of the circumstances. And God taught me life lessons when I prayed. He also gave me wisdom to differentiate Godly values from worldly values.

When I would have difficult situations, and I would be so worried; I would pray, and He would always guard my heart and my thoughts. He led me to peace and strengthened me with His power and courage.

생활에서 오는 염려들로 인해서 우리의 몸이 병들고 영이 무력해지는 것을 알게 하셨습니다. 그래서 주님은 모든 일을 기도로 맡기며 일하라고 말씀하셨고 그것이 아버지 하나님의 깊은 사랑의 당부인 것을 시간이 흘러가며 알게 되었습니다.

생활이나 사역 중에서 제가 해결할 수 없는 어려운 일을 만날 때마다, 마음의 큰 고통이 있을 때마다, 주님께 맡기고 기도하고 맡기고 또 기도하였습니다. 제가 몸이 약하고 부족해서 맡기지 않고는, 기도하지 않고는 주님의 일을 할 수 없었습니다. 가정의 일도 감당할 수 없었습니다.

기도 시간을 통해 주님과의 친밀감이 깊어지고 주님께서 도와주시는 은혜를 더 많이 경험하게 되었습니다. 하나님의 사랑을 더 많이 알아가게 되었습니다.

그래서 주님은 기도를 계속하고 기도에 감사함으로 깨어 있으라고 골로새서에서 말씀하십니다.

우리가 기도할 때 악한 영이 제압된다는 것도 알았습니다. 전도할 때나 교회 사역 중에도 우리의 기도는 사단의 방해를 무너지게 했습니다.

He taught me that day-to-day worries weaken us physically and spiritually. I came to understand that this is why our Lord tells us to live each day by confiding in Him through prayer. It is His loving advice for us.

When I was confronted with insoluble problems or when my heart was full of pain, whether in everyday life or in ministry, I sought the Lord and prayed to Him. As physically weak as I was, I could not keep up family life without prayer. The same held true for carrying out God's ministry.

I grew more intimate with the Lord through daily prayers. His grace totally covered and fulfilled me in my life. I learned God's love in prayer.

This is why the Lord tells us to devote ourselves to prayer and to be watchful and thankful, in Colossians.

I learned that evil loses its power when we pray. I also witnessed and learned that prayer brings down Satan's interruptions.

사람의 힘이 아닌 예수 그리스도의 힘을 덧입어서 기도하기 때문에 이 모든 일이 가능한 것이었습니다.

그리고 많은 시간이 지나면서 눈을 감고 하나님 아버지만 바라보며 기도하는 시간이 저를 변화시키시는 귀한 시간임을 알았습니다.

기도하며 묵상하는 시간은 거룩한 주님을 닮아가는 중요한 영적 성장의 과정임을 배웠습니다.

하루하루 주님께 내어드리는 그 시간은 세상적인 가치관이 하나님의 말씀으로 정리되는 시간이었습니다.

삼십여 년을 말씀과 기도 속에서 지내면서 오늘도 제 안에는 버려야 할 것들이 있고 변화되어야 할 부분이 아직도 많음을 보게 됩니다. 그래서 말씀이 제 인격이 되도록 더 힘써 기도하고 묵상하게 됩니다.

지금 쓰는 이 글도 많은 기도 시간을 보낸 후에야 쓸 수 있는 지혜를 주셨습니다. 제 힘으로 하는 것은 참으로 작은 부분임을 보게 하셨습니다.

It was possible, not by human will, but by the power of Jesus Christ in us.

As days passed by, I came to realize this: while I was praying to God, with my eyes closed to the world, He was transforming my life.

I learned that daily devotions and prayers are an essential part of spiritual growth, to become more like the Lord.

Every minute and hour I surrendered to the Lord, my worldly values were surrendered to God's Scriptures.

I still find faults in myself that need to be discarded or transformed, even after thirty plus years of daily devotions and prayers. This is why I strive in prayer and devotions, so that the Scriptures will become my character.

God gave me the wisdom to write this book, after days of endless prayers. God opened my eyes to see the limits of confiding in myself.

# 7. 하나님의 은혜를 입었습니다

주님의 도우심으로 저는 기도의 능력을 경험하게 되었고 매일 말씀 속에서 기뻐하고 기도 가운데 감사하며 좋으신 하나님을 찬양했습니다.

그러던 어느 날, 전도를 위해서 저희 집 거실에서 선교원을 시작하기로 마음먹었습니다. 왕의 자녀답게 교육시키기 위해서 소수의 인원을 정성껏 가르쳤습니다. 어린이마다 가지고 있는 각자의 기질과 특성들을 살려주고 그들의 생각과 마음을 읽어주며 하늘의 알곡으로 키우려고 노력했습니다. 최선을 다하고 사랑을 다해서 저들을 양육하면 후에 자라서 사회의 한 곳을 밝히는 등불이 될 것을 기대했습니다.

매일 선교원 수업을 마치고 나면 저는 집 근처에 있는 교회에 가서 아이들을 위해 기도하며 하나님과 교제 시간을 가졌습니다.

# 7. God clothed me with His grace

The Lord has guided me experience the power of prayer. I praised the goodness of God every day. I found joy in the Scriptures and thankfulness in prayer.

One day, I decided to start a Christian kindergarten in my home for evangelism. My purpose was to train the King's kids with a sincere heart for the Lord. I focused on nurturing unique gifts and characteristics within each child. I loved them wholeheartedly. My goal was to nurture them into becoming fruitful seeds of heaven. I envisioned them becoming lights to the world.

Every day after classes, I went to a nearby church and prayed for every child that I cared for.

그런데 언젠가부터 허리에 이유를 모르는 큰 통증이 생겼습니다. 끊어질 듯한 허리를 달래며 남편의 출근 준비를 돕고 큰아이를 학교에 보냈습니다. 그러고 나서 선교원 수업을 시작할 준비를 하는데 땀이 줄줄 흐르며 통증이 점점 더 심해졌습니다. 이를 악물고 견뎌보았지만 일주일이 지나고 열흘이 지나도 가라앉지 않았습니다.

"주님, 치료해 주세요. 주님! 어떻게 할까요? 병원에 가야 할까요?"라고 기도했습니다. 그때 주님께서 삼 일 동안 금식기도를 하라는 응답을 주셨습니다. 하지만 몸이 너무 아파서 도저히 아이들을 가르치면서 삼 일 동안 금식할 자신이 없었습니다.

시집살이 후에 죽을 고비를 넘기며 분가한 후 선교원을 열었습니다. 그 동안 몸을 쉬게 하지 못했고 체력이 많이 약해진 상태라서 더더욱 금식할 자신이 없었습니다. 마음이 많이 어려웠습니다.

I did not know why or when it began, but I sensed a severe pain growing in my back. With pain in my back, I looked after my husband while he was getting ready for work, and I sent Lauren to school. I was preparing myself for the kindergarten classes. The pain was growing more intense. I was sweating. I tried to withstand the pain, but it only got worse. More than a week passed by, but there was no sign of recovery.

I prayed, "Lord, please heal me. Lord, what should I do about this pain? Should I go see a doctor?"
The Lord directed me to pray and fast for three days. The pain was acute, and I was not sure if I could take care of the kindergarten classes while I fasted for three days.

During the first seven years of marriage, while living with the in-laws, my body had become frail and was on the verge of life and death. It was shortly after my family had moved out from the in-laws when I started the Christian kindergarten. I did not take enough time to look after my own health. I knew my physical condition was weak, and I could not willingly start fasting. I was discouraged.

"주님, 어떻게 하나요. 도와주세요."

기도하고 또 기도하며 주님만 바라보고 있었습니다. 어느 사이에 마음에 힘이 생기며 모든 것을 주님께 맡기는 믿음이 생겼습니다.

아침에 눈을 뜨자마자 "주님, 금식기도 하겠습니다." 말했습니다. 생명을 내거는 믿음이었습니다. 몸이 너무 힘들어서 저도 모르게 눈물이 주르륵 흘러내렸습니다.

아침 금식기도를 마치고 선교원 아이들을 맞이하기 위해 문을 열고 준비하는데 이상하게 허리에 통증이 느껴지지 않았습니다. 통증이 다 사라졌습니다.

전날까지만 해도 아이들을 맞이하며 준비할 때마다 견딜 수 없을 만큼 너무 아파서 아이들 몰래 안방에 들어가 이를 악물고 통증을 견뎌낸 다음에야 수업을 진행할 수 있었습니다. 또 쉬는 시간마다 문고리를 잡고 힘겹게 통증을 이겨내야 했는데 그 통증이 놀랍게도 사라졌습니다.

"Lord, what should I do? Please help me."

I kept praying and praying. I had my eyes fixed unto the Lord. While I was praying, my faith had grown stronger. Before I knew it, I grew to confide in God for everything.

One morning, as I opened my eyes, I said, "Lord, I will start fasting and praying today." It was life-risking faith. Even though my mind was determined, my body was still in pain. I shed tears as I was saying this to the Lord.

After morning prayer, on the first day of fasting, I opened the doors for Christian kindergarten and prepared to welcome the children. Strangely, I could feel that there was no pain in my back. The pain was gone.

Until the day before, my back had been in so much pain that I had to hide in my bedroom to fight the pain before starting the classes. I had to clench the door knob during breaks to fight the pain again. I could not believe the pain had vanished.

너희를 치료하는 여호와라고 말씀하신 것처럼 진땀이 흐르도록 아프던 통증이 사라지고 몸에 힘이 생기면서 삼 일간의 금식기도를 가뿐히 해낼 수 있었습니다. 할렐루야! 주님의 은혜입니다. 할렐루야!

저는 할 수 없었는데 하나님께로부터 감사한 은혜를 입었습니다. 일어서기도 힘들었던 숨이 막히는 허리의 통증이 온데간데없이 사라지고 온몸이 가볍고 편안해졌습니다.

그런데 그때부터 알 수 없는 노란 분비물이 흐르더니 월경을 할 때마다 얇은 막으로 싸인 핏덩이가 한 개씩 나왔습니다. 몇 개월 동안 지속되어서 무슨 현상인지 고민하다가 이웃에게 물어봤지만 알 수 없었습니다. 그러던 어느 날 미장원에서 한 여성 잡지를 보았는데 어느 전도사님이 자궁암 진단을 받은 후에 기도로 하나님께서 치료해 주셨고 제가 겪은 증상과 비슷한 분비물을 쏟았다는 간증을 보고 너무 놀랐습니다.

As the Lord declares He heals us, the severe pain, that even caused sweating, was gone. My body had regained strength. I could continue fasting and praying for the rest of the three days without any problem. Hallelujah! It was the grace of the Lord, Hallelujah!

I could not have done it alone, but God had clothed me with His grace. Before the prayer, I could not even stand up straight because of the pain. The breathtaking pain in my back was gone. I felt light and fresh.

After the pain was gone, yellow fluids began to discharge and blood clots (that were covered with a thin layer) would come out with each period for several months. I wondered what was going on. I consulted a good friend of mine, but I could not find a clue. One day, I was browsing through a women's magazine at a beauty salon and came across an article. The article was about a female evangelist who was diagnosed with cancer in her uterus. She confessed that God had healed her through prayer. I was shocked to read about her going through similar symptoms and experiencing discharges like I had.

얼마 뒤에 남편의 직장을 통해 건강검진을 받았는데 몸에 아무 이상이 없었습니다.

치료하시는 하나님의 은혜를 입었습니다. 할렐루야!

Later, I had a thorough medical check-up as part of Song's employee benefits. My body was confirmed clean.

I was clothed with God's healing grace. Hallelujah!

# 8. 힘듦 속에 찾아오신 주님

유·초등부 사역을 시작한 지 삼 년쯤 되었을 때의 일입니다. 남편이 다니는 직장을 통해 미국으로 일 년간 연수를 다녀올 기회가 생겼습니다. 미국으로 연수 가고 싶다고 작정 기도한 지 사 년 만에 이뤄진 일이었습니다. 저는 전도사 사역을 일 년간 내려놓고 미국을 가는 것에 대해 고민이 됐습니다. 하나님께서 주신 귀한 사역인데 함부로 할 수 없어서 매일매일 하나님께 여쭈며 기도했습니다. 아무리 기도해도 응답이 없어서 제가 아이들과 함께 한국에 남아 사역을 계속 하겠다고 기도했습니다. 기도를 시작한 지 두 달 반쯤 지났을 때 "Don't worry."라는 걱정하지 말고 다녀오라는 응답을 받았습니다.

그렇게 미국에서의 생활이 시작되었고 미국에서도 복음을 전하는 자로 살겠다고 기도했습니다. 한 교회에서 사역자로 봉사해 주기를 요청하셔서 기도해 보았지만 응답이 없었습니다.

# 8. The Lord found me in my sufferings

The following takes place about twenty years ago. It had been about three years after I began the Sunday school ministry. Song was given an opportunity to go to the US for one year to complete some job-related training. Song and I had been praying for over four years for this overseas training opportunity in the US Though I was happy to hear the news, I was also concerned that I would have to take a break from the children's ministry - for a whole year. Children's ministry was a God-given mission. I could not decide on my own if I should accept this break. I started praying. I prayed every day. I kept praying, but there was no answer. So, I started praying for God's permission to stay in Korea with my kids and continue the ministry. After about two and a half months, God gave me an answer: 'Don't worry' and to go to the US with Song.

Song and I moved to the US with our kids. I prayed that I could live as an evangelist in the US too. One of the churches in the neighborhood requested that I serve as a Sunday school pastor. I prayed for God's permission again, but He did not answer.

그래서 저는 생활 가운데서 복음을 전하기로 결심하고 만나는 이마다 하나님의 사랑을 전하며 예수님 향기를 드러내도록 노력했습니다.

방학이 되어서 친분이 있던 분들과 함께 캐나다 록키산맥으로 여행을 떠났습니다. 모두 제가 평생 잊지 못할 만큼 좋은 분들이셨는데 그 중에는 아직 하나님을 모르는 분들도 있었습니다. 저는 여행 중에 그분들께 그리스도의 향기가 되어서 복음을 전할 수 있기를 기도했습니다.

나의 유익을 구하지 말고 남의 유익을 구하며 구원을 얻게 하라고 부탁하신 말씀을 기억하며 기도했습니다.

저희는 아침에 조금 일찍 일어나 짧은 시간이지만 하나님을 예배했습니다. 그리고 여행 중에 어떻게 하면 자연스럽게 복음을 전할 수 있을지 계속 기도했습니다. 함께 여행하는 분들께 부담을 드리지 않으면서 복음이 전달되기를 기도했습니다. 지혜를 구하며 노력했지만 적절한 상황은 오지 않았고 어떻게 복음을 전해야 할지 난감했습니다.

So, I decided to serve my neighbors and friends in daily life. I tried to share God's love and the fragrance of Christ with everyone I met.

Song and I made some good Korean friends. They were also staying there for a year or two with their families. We planned a trip together, with them, during vacation time. Not all of them were Christians, but I prayed so that I would be able to share the gospel with them while travelling together.

I prayed keeping in my mind that I should not seek my own good but the good of many people, so that they may be saved.

Song and I, along with the kids, woke up a little earlier than the others and held a short worship every day during the trip. My family prayed that we would get a chance to share the gospel, without being a burden to anyone. Song and I prayed, asking for wisdom to do so; but opportunities rarely came. It was difficult to find a suitable time to share the gospel.

시간이 지날수록 제 마음에 이 문제가 큰 고민이 되어서 견디기 어려웠습니다. 숙소인 통나무집에 모든 일행이 모여서 간식을 나누며 쉬는 시간에 저는 그 옆에 있는 넓은 들판을 혼자 거닐며 간절히 하나님께 기도를 드렸습니다. "하나님, 어떻게 하면 좋겠습니까?" 자연스럽게 복음을 전하는 상황을 만들지 못한 제 자신이 부족해 보여서 하나님 앞에 고통스러운 울부짖음과 같은 고백을 드렸습니다. 바로 그때 그 넓은 하늘과 허허벌판 같은 들판에서 하늘을 찢는 듯한 우렁찬 음성이 쏟아졌습니다.

"너는 전도사다."

이 말씀과 함께 제 가슴을 치는 것은 "너는 하나님의 대사다."라는 말씀이었습니다. 저는 놀라서 그 자리에 얼음처럼 서 있었습니다. 한참을 멍하니 서 있었습니다. 그리고 제 마음이 뭐라 형용할 수 없는 강함으로 가득 차 있었습니다. 조금 전까지만 해도 불안과 고통에 힘겨워했던 모습은 하늘의 힘을 덧입은 전도사로 변화되어 있었습니다. 주저 없이 통나무집으로 발걸음이 향했고 모여 있는 분들 가운데 어울려 자연스럽게 복음에 대해서 이야기했습니다.

My heart was uneasy. This grew as a burden on me as days went on. One evening, everyone gathered together in a log cabin lodge for tea and snacks. I took a short break from the group; and I went for a walk, in a nearby field, to pray. "God, what should I do?" I looked so small before God. I could not create a single opportunity to share the gospel. I prayed with tears and cries from my heart. At that moment, a thunder-like voice tearing up the sky came straight to me.

"You are an evangelist."

It also pounded my heart, "You are an ambassador of God." I was stunned and could not move an inch. I remained there for a while, absent-mindedly. Then, I could feel my heart was full of strength beyond words. I changed from a weak person, suffering from a burdened heart, to an evangelist that was powered with heavenly strength. I headed back to the cabin without hesitating. I blended in with all of them and started talking about the gospel.

예수님으로 인해 구원받은 저의 삶에서 경험한 행복에 대해 나누었습니다. 착하게 살아서 저를 구원해 주신 것이 아니라고 말했습니다. 성경에서 말씀하신 것처럼 우리 모두가 전에는 육신의 정욕대로 살고, 육신과 마음이 원하는 대로 행했으며, 다른 사람들과 마찬가지로 날 때부터 진노의 자식이었다고 전했습니다.

그러나 하나님은 자비가 넘치는 분이셔서, 그 크신 사랑으로 말미암아 죄로 인해 죽어야 할 우리를 그리스도와 함께 살려 주셨다고 말했습니다. 우리는 하나님의 은혜에 의하여 믿음으로 구원을 받았다고 말했습니다. 이것은 우리에게서 난 것이 아니요, 하나님의 선물이라고 말했습니다. 우리들의 착한 행실에서 난 것이 아니기 때문에 아무도 자랑할 수 없다고 말했습니다. 그래서 이 선물을 제게 주신 하나님의 사랑이 너무나 감사하다고 말했습니다.

십자가에서 채찍에 맞아 죽으심으로 저의 죗값을 대신하여 치르신 예수님의 사랑이 참 좋다고 이야기하고 나니 한 사모님께서 제 손을 잡으셨습니다.

I shared about the happiness I experienced in life after I received Jesus as my Savior. I testified that I was saved, not because of my good, but because of God's love. I also shared, as the Bible tells us, that all of us also lived pursuing the cravings of our flesh and following its desires and thoughts; and also that we were deserving of wrath, by nature.

I continued sharing that we have been saved by grace, when we were dead in transgressions. As God's love for us is great, He, who is rich in mercy, made us alive with Jesus Christ. I also shared that we have been saved by grace through faith, and this is not from ourselves but the gift of God. As it is not by our works, or good deeds, no one can boast. I shared that I am thankful for God's love for giving me this gift.

I confessed my love for Jesus, who died for me on the cross to pay for my sins. One of the ladies came to me and held my hand.

"그 이야기를 해줘서 정말 고마워요. 지금까지 내 마음속에 갈등이 심해서 너무 힘들게 살았는데… 교회 다니면서도 나 자신을 되돌아보면 나 같은 사람이 천국 갈 수 있을까? 늘 고민되어 힘들었는데 오늘에야 그 고민이 해결됐어요. 제 행위로는 구원받을 수 없지만 하나님께서 베푸신 은혜로 구원받을 수 있다는 것을 확인했어요."라고 말씀하시며 감사하다고 하셨습니다. 다른 몇 분도 고개를 끄덕이며 밝은 표정을 지으셨습니다.

하나님 아버지의 깊은 사랑에 저는 참으로 놀라웠습니다. 한 영혼의 고통을 해결해 주시기 위해 그 많은 시간과 기도를 드리게 하시고 하나님의 사랑으로 그분을 만져 주셨습니다. 또한 어린 종 같은 저를 훈련시키는 그분의 사랑을 보았습니다.

많은 시간이 지난 후 제 자신을 돌아보니 여행 다니는 중에 복음을 전할 기회를 잡는 것이 어려웠지만 사실 더 어려운 것은 제 마음이었습니다. 십 년이 넘는 나이 차이와 사회적 지위의 차이 때문에 복음을 전하기가 어렵다고 생각했습니다.

하지만 무언가 또 다른 이유가 있었습니다.

She said, "Thank you for sharing your story today. Even though I am a Christian, and I go to church every Sunday; I always had a debate within myself whether I could really be saved. I wasn't so sure if Jesus would save someone like me. I had been having a hard time about this. Now I have an answer. I am reassured that I am saved, not by my acts, but because of God's grace and grace only." Others also nodded and had smiles on their faces.

I was surprised to see God's great love. He was looking after the sufferings she had, and He let me pray and prepare myself to share the gospel with her. God was touching her heart with His love. God also trained me to become a better evangelist for Him with His love.

After some time had passed, I looked back and realized that it was my own heart that was troubled. My heart was giving me more difficulty than finding an opportunity to share the gospel. Some of them were more senior than I was, in aspects of age and social background.

But there was something more.

세월이 한참 지난 후에야 그 이유를 깨달았습니다. 복음을 전하는 일이 힘들었던 가장 큰 이유는, 사람들이 중요하지 않다고 생각하는 유·초등부 전도사인 저의 말을 그분들이 귀 기울여 듣지 않을 것이라 판단했기 때문이었습니다.

우리의 영적인 싸움은 인간을 적대자로 상대하는 것이 아니라, 이 어두운 세계의 지배자들과 악한 영들을 상대로 해야 하는 것인데 그분들과 저를 비교한 열등의식이 제 마음을 옭아매어 복음을 전하지 못했던 것입니다.

성령님은 세상의 가치관과 인간적인 생각에 눌려 있던 저를 하나님의 가치관과 거룩한 능력으로 덧입혀 주셔서 오직 하나님의 뜻을 따라 사역하는 전도사로 한 단계 성장할 수 있도록 도와주셨습니다.

I had difficulty in sharing the gospel with others, because I assumed people would look down on me. It took me a good amount of time to realize this. Since I was a Sunday school pastor, I thought they would belittle what I say to them.

I remembered that our struggle is not against flesh and blood, against the powers of this dark world, and against the spiritual forces of evil. Feelings of inferiority, that came from comparing my status with theirs, obstructed me from sharing the gospel.

Before this incident, I was accustomed to worldly views and ideas. However, God clothed me with His holy strength. He trained me to view myself, and the world, with His eyes. He led me to step up and become a Godly evangelist - one who follows God's way and His way only.

# 9. 네 가슴이 그렇게도 아프냐?

매년 새해 첫날이 되면 교회에서 전 교인이 함께 기도원에 다녀오곤 했습니다. 교회에서 가지 않은 해에는 우리 가족끼리 다녀왔습니다.

큰아이가 세 살 때 남편이 큰아이를 가슴에 안고 저는 태 안에 둘째 아이를 품고 어느 기도원 산자락에 앉아 하나님께 영광으로 기쁨을 드리는 가족이 되고 싶다고 간절히 기도했던 것이 생각납니다.

큰아이가 열한 살이 되고 둘째 아이가 여덟 살이 되던 해에도 어김없이 온 가족이 함께 송구영신 예배를 드리고 새해 첫날 아침 일찍 일어나 기도원을 향해 집을 나섰습니다. 기도원 동산에 앉아 다같이 기도하는데 유난히 남편의 기도가 귀에 들어왔습니다. 고난 중에도 하나님을 온전히 신뢰할 수 있도록 우리 가족을 위해 기도하고 있었습니다. 남편이 고난에 대한 기도를 열심히 하는 모습에 왠지 마음이 조금 두려워졌습니다.

# 9. And you thought your heart was aching?

Our church began a new year with an annual two-day visit to a local Christian prayer house. Some years when the church would not organize a visit, my family would visit one of the Christian prayer houses to start our new year in prayer.

I remember one New Year's Day, when Lauren was three and I was pregnant with Audrey; Song held Lauren against his chest, and we sat on the foot of a mountain near a prayer house. We prayed zealously, wanting to be a family that brings joy to God in glory.

Six years later, my family visited a prayer house for New Year's Day, as usual. After attending New Years' service at midnight, we woke up early next morning to leave for the prayer house. When we were praying in the prayer garden, Song's prayer rang in my ears. He was praying for our family to confide in God wholeheartedly, despite any hardships that may come. Not knowing why, I became a little concerned seeing him praying so arduously about the hardships of life.

기도를 마친 후 집에 돌아왔는데 도둑이 왔다 간 흔적이 남아 있었습니다. 처음 경험한 일이라 가슴이 철렁 내려앉았고 책상이며 장롱 속이며 다 헤쳐놓은 모습에 어이가 없었습니다.

결혼 패물과 아이들 돌 반지는 이미 헌금했기에 귀중품은 도둑맞을 게 없었습니다. 그러나 구제와 선교를 위해 틈틈이 모아놓은 헌금, 선교원 졸업식 때 사용할 비용과 선교원 아이들에게 멋진 선물을 주고 싶어서 모아놓은 돈, 그리고 조금 있던 생활비가 모두 없어졌습니다.

그리 큰 돈은 아니었지만, 전도를 위해 사용하려고 다달이 알뜰하게 살림하고 절약해 모은 것이라 마치 소중한 것 모두를 잃은 것처럼 가슴이 찢어질 듯 아팠습니다.

After hours of prayer that day, we came back home from the prayer house to discover that our house had been robbed. I had never experienced robbery before. My heart sank. From closets, to chests, and desk cabinets, everything was searched through. I was speechless.

I had already given my wedding jewelries and the kids' first birthday golden rings as offerings long before, so there were no valuables to be stolen. However, offering money that I had been saving for the missions and for the poor, money I divided for the Christian kindergarten graduation, another savings for buying gifts for the kindergarten children, and a small amount of our family's monthly budget were stolen.

Though the whole amount was not a fortune, I had been saving every nickel and dime to give more offerings. I managed our family budget tightly, so I could give more for evangelism. It felt as if I had been robbed of my most precious belongings. My heart was torn into pieces.

큰 충격에 가슴이 무너져 내린 저는 주저앉아 눈물만 흘리고 있었는데 큰아이는 울면서도 집 안의 물건을 아빠와 함께 차근차근 정리하기 시작했습니다. 둘째 아이는 한 시간가량을 멍하니 앉아 있더니 그제야 엉엉 울었습니다. 아직 어린 큰아이가 놀란 마음을 참고 치우는 모습을 보니 가슴이 찡하며 아팠습니다. 함께 다 정리하고 나서 하나님께 기도드렸습니다. "하나님 무슨 일인가요? 하나님 제가 하나님의 영광을 위해 얼마나 애쓰는데 아버지께서 지켜주실 수 있으셨잖아요?" 저는 어린아이처럼 하나님께 떼를 쓰며 질문을 쏟았습니다.

아직 어렸던 저는 그렇게 하나님께 울부짖는 기도를 드렸습니다. 그래도 아무 말씀이 없으셨던 하나님 앞에 억장이 무너지는 것 같았습니다. 울다 보니 가슴에 큰 돌이 뭉쳐 있는 듯이 아팠습니다. 그래서 "하나님 제 가슴이 아프지 않게 해주세요."라고 기도했습니다. 그래도 아파서 체기가 있나 싶어서 소화제를 먹었습니다.

I was shocked and in great pain. I could do nothing but shed tears. Lauren, who was nine years old then, was helping her dad clean things up in tears. Audrey, who was six years old, sat still for an hour absorbing the situation and then burst out crying. It broke my heart to see my daughters crying and helping to clean up. We all helped each other with cleaning the house. Then, I knelt down and prayed. "Dear God, can you tell me what your intentions were? You know how arduously I work to bring You glory. You could have protected my house."

As immature as I was, I cried and prayed. But God had no answer for me. My heart fell apart. I was crying endlessly, and I felt as if a stone was pressing against my heart. I prayed again, "God, please take this pain away from my heart." The pain lingered on; and I took digestion pills, thinking it may be stomach problems.

응답이 없으신 하나님께 위로의 사인을 구했습니다. 둘째 아이가 비염이 있어서 깨끗하게 치료해 달라고 기도하던 중이었습니다. 그래서 도둑이 든 그 날 밤에 하나님께서 둘째 아이의 비염을 깨끗이 치료해 주시면 하나님께서 저를 위로해 주신 줄 알겠다고 했습니다. 다음 날 아침에 아이들 방에 가 보았더니 둘째 아이의 코가 비염 증상이 없이 깨끗했습니다. 비염이 온전히 치료되어 그 후에도 재발하지 않았습니다. 너무 기쁘고 감사했습니다.

그런데 하나님의 위로의 사인을 받았음에도 불구하고 우리 집은 지켜주지 않으신 하나님을 이해할 수가 없었습니다.

지금 생각하면 참 염치없는 기도인데 어떻게 그렇게 당당하게 하나님 아버지께 구했는지 모르겠습니다.
저의 미숙함에도 하나님께서는 저를 품어주시고 제 기도를 귀 기울여 들으셨습니다.

왜 지켜주시지 않았는지 하나님께 또 다시 여쭤보고 싶었습니다. 여전히 가슴은 큰 돌로 막혀 있는 듯이 아팠습니다. 가슴의 통증과 도둑이 든 이유, 이 두 가지를 놓고 기도 자리에 앉았습니다.

Yet, God had no answer. So, I asked for a sign of His consolation. Audrey had rhinitis then, and I was praying that God would heal her. The night the house had been robbed, I prayed that if God healed her rhinitis, I would see that He has given me comfort. The next morning when I checked on her, her nose was clean; and there was no sign of rhinitis! Her rhinitis was gone for good and did not come back. I was thankful and full of joy.

Even after God showed me the sign of His comfort, I could not understand why He had not protected my house.

Looking back, I was childish and selfish.
I asked God again, stubbornly. Despite my childish attitude, God embraced me and listened to my prayers.

I wanted to ask God why He did not protect my house. The pain in my heart persisted, like a stone was pressing against my heart. I knelt down to ask in prayer; why my heart was in such pain and why my house was thieved.

앉자마자 갑자기 웅장한 음성이 하늘에서 떨어지듯이 울렸습니다. 하나님께서 말씀하셨습니다.

"네 가슴이 그렇게도 아프냐? 나는 나의 사랑을 모르고 자신들이 지옥으로 가고 있는지도 모르고 살고 있는 수많은 내 백성들로 인해 가슴이 이렇게도 찢어지듯 아프다."

제가 지금 겪고 있는 이 가슴의 아픔보다 하나님의 가슴은 천 배, 만 배나 비교할 수 없을 만큼 아프시다는 것이었습니다. 그 말씀을 듣는데 어안이 벙벙했습니다. 저는 얼어버린 듯 굳어 있었습니다.

하나님의 눈물과 사랑의 고통이 제 마음을 덮었습니다. 하나님께서 그렇게도 아프시다니, 하나님 아버지께서 그렇게도 슬프시다니, 저는 아버지의 고통이 그렇게 큰 줄 몰랐었기에 너무도 놀랐습니다.

그리고 하나님께서 말씀하시는 순간에 찢어지듯이 아팠던 제 가슴속의 통증이 사라지고 마음속의 돌덩이 같은 답답함도 쑥 내려갔습니다. 신기하고 놀라운 마음에 저는 벌떡 일어나 용수철처럼 튀어 나갔습니다.

The moment I knelt down, His voice thundered in my ears.

"You thought your heart was aching? My heart is in greater pain; you can never imagine – for my people who do not know my love, people who live only to end in hell, but do not know any other way. My heart is shredded in pieces for them."

I thought my pain was impossible, but His pain from the love of His people was greater – to an extent that I could never comprehend. I was stunned. I was petrified and could not move an inch.

My heart was overflowing with God's tears, pain, and His love. Never had I even imagined that God would be in such pain and sorrow. I was shocked.

The moment I heard His voice, the pain in my heart vanished. The stone that was pressing my heart was gone. It was incredible. I sprang up on my feet and went out.

전지전능하신 하나님 아버지의 절절한 아픔을 깨닫고 나니 제 눈에는 아무것도 보이지 않았습니다. 저에게는 더 이상 주저함이 없었습니다.

내 아버지의 아픔의 소리가 제 가슴을 치고 있어서 제 자신을 돌아볼 사이가 없었습니다. 이후 부끄러움이 많았던 저는 주저 없이 무조건 전도하러 나갔습니다.

가장 먼저 떠오른 집이 오영록(가명) 어린이의 가정이었습니다. 선교원에 나오는 착하고 예쁜 아이였습니다. 전도하기 위해 이전부터 늘 기도해오던 가정이었습니다.

그 아이의 집에 가서 전도하다가 아버지의 사업이 망하고 교통사고가 나서 백만 원이 당장 필요한 형편이라는 것을 알게 되었습니다. 그 가정을 위해 기도하니 성령님께서 너희가 주라는 마음을 주셨습니다. 영록이의 이야기를 가정예배 시간에 아이들과 나누고 통장에 돈이 남아 있는 것이 생각나서 통장을 확인해 보니 백만 원보다 모자랐습니다. 몇 달 전에 경제적으로 어려운 인이(가명)의 가족을 전도하는 과정에서 통장에 모았던 것 중 일부를 구제헌금으로 드렸던 것입니다.

The omnipotent and omniscient God is in such pain. He is in such sorrow. I could not stand being a bystander anymore. The moment I realized His pain, nothing could get in my way.

My heart was filled with God's pain and sorrow; I had no reason to save my face. I was too shy to share the gospel with strangers before, but it did not matter anymore.

The first person that came to my mind was Young (assumed name) and his family. He was one of the children in Christian kindergarten. He was sweet and kind. I had been praying for his family.

I went to Young's house and shared the gospel. I found out that his father's business had crashed; and he was also involved in a car accident. They were urgently in need of money, approximately $1,000. When I prayed for his family, the Holy Spirit guided my heart to fill their financial needs. I shared Young's story during family worship. I checked my checking account after the worship, and the total amount was below $1,000. I had already given some of the savings to help another child's family, from the Christian kindergarten. I also wanted to send the gospel to her family.

부족한 통장을 바라보며 "돈이 모자라서 이 일을 어떻게 하지?" 했더니 그 순간 주저하지 않고 두 아이들이 벌떡 일어났습니다. 아이들은 책상에 가서 그 동안 세뱃돈과 용돈을 모아 두었던 통장을 가져왔습니다. 아까운 기색 하나 없이 "엄마, 제 것도 드리세요." 하며 내어놓는 두 통장….

얼마나 기특하던지 눈물이 핑 돌았습니다. 하나님을 사랑하는 순수한 믿음과 이웃을 사랑하는 고운 마음이 두 자녀에게 아름답게 담겨 있는 것을 보니 제 마음은 이미 부자가 된 듯했습니다. 세 개의 통장을 합치니 백만 원이 조금 넘었습니다. 기쁜 마음으로 영록이네 가정에 전달했습니다.

이 일이 있은 후 영록이네는 지방으로 내려가게 되었습니다. 착하신 영록이 어머니는 겸연쩍어하시며 "나중에 꼭 하나님 믿을 거예요."라고 하셨습니다. 지금은 영록이가 주님 품 안에서 잘 자라나 멋진 청년이 됐을 줄로 믿습니다.

I looked at my bankbook, mumbling 'I didn't know I would fall short.' My daughters heard what I said and went to their room. They came back with their bankbooks. They had savings from their monthly allowances and New Year's cash gifts. They gave me their bankbooks willingly and said, 'Mom, you can give them money from our savings.'

Their act of giving was so pure and wholehearted, it moved my heart. Their willing love toward God and people filled my heart. Seeing them with such love, I felt rich in my heart. The total of our three bankbooks reached a little over $1,000. I gave it to Young's family with joy.

After some time had passed, Young's family had to move to another region. Young's mother, who was as sweet and kind as Young, said shyly, "I will definitely believe in God in the near future." I am sure the Lord has guided Young in his life, and that he has grown into a fine young adult by now.

# 10. 저를 뻥 차시는 하나님

늘 전도하기 위해 노력했지만 적극적으로 복음을 전하지는 못했습니다. 교회 아이들을 심방하는 전도와 이웃을 위해 매일 기도하는 것이 대부분이었습니다.

동네 사람들에게 항상 친절히 대하려고 노력하고 다른 사람에게 손해 끼치지 않으려고 조심하며 저의 삶이 그리스도의 향기가 되도록 하는 간접적인 전도를 했습니다.

가끔 떡을 사서 "예수님 믿으세요."라는 쪽지와 함께 아무도 모르게 전도할 집 문 앞에 두고 왔습니다.

그러다가 좀 더 적극적인 방안으로 거실에 선교원을 만들어서 선교원 아이들과 그 가정을 전도하겠다는 계획을 세웠고, 이를 전해 들은 남편은 선뜻 선교원 시작 비용을 지원해 주었습니다.

# 10. God who pushes me for His gospel

In my everyday life, I did my best to share the gospel. However, I must admit, I was not overly proactive. The most I could do was to visit the families of the Sunday school children, and to pray for my neighbors every day.

I tried to spread the gospel in a subtle way – by being a kind neighbor and trying not to cause any inconvenience or unpleasantness to others. I tried to live with the aroma of Christ.

On some days, I'd buy packaged rice cakes and attach a small note saying 'Believe in Jesus'. I hung it on the front door of the family I was praying for.

After that, I had another idea to share the gospel. It was something I could do well - opening a Christian kindergarten at home. I could share the gospel with the children and their families. I shared this idea with Song. He consented to this idea and supported me financially.

그리고 부족한 것은 생활비를 절약해서 운영에 보태도록 하였습니다. 효율적인 교육을 위해 원아는 여덟 명만 받고 교육비는 따로 받지 않았습니다. 경제적으로 여유 있는 몇 분은 종이 값이라며 비용을 내셨습니다.

이 모양 저 모양으로 전도하기 위해 애쓰기는 했지만 사람들 앞에 담대히 나가서 복음을 전하는 모습은 약했습니다. 이런 저를 보시다가 답답하신 하나님께서 도둑이 드는 사건으로 개입하신 것 같았습니다. 제 엉덩이를 뻥 차시며 "나가라. 나가서 전해라." 하시는 것 같았습니다. 함께 하나님을 믿고 같이 행복한 삶을 살기를 원하는 마음으로 "예수님 믿게 해주세요." 하고 그 동안 기도만 해왔던 이웃을 찾아 갔습니다.

작은 전도책자를 들고 전도를 시작한 지 닷새 만에 저희 집 차가 도난 당한 것을 알았습니다. 도둑이 들어왔을 때 남편 책상 서랍에 두었던 보조열쇠를 가져갔던 것입니다. 속상하고 힘들었지만 전도가 더 중요했습니다.

I saved some money from our monthly family budget when the kindergarten budget fell short. I started with a maximum class of eight children, for the effectiveness of education. I did not charge any form of financial tuition. A few families who could afford tuition insisted on paying certain amounts, saying that it was for books and teaching materials.

Including opening the Christian kindergarten, I also tried other ways and methods to spread the gospel. Yet, I was still hesitant in sharing the gospel with strangers. Through the robbery incident, God had seen my weakness and wanted to encourage me to become more active in sharing the gospel. I felt as if God was pushing me to go out, telling me, 'Go, and spread my love'. I went out to visit the families, that I had kept in prayer for months, to share the gospel.

I started to share the gospel actively, with evangelical booklets. Five days later, I realized that our family car had been stolen. We realized that the spare key had been stolen when our entire house was ransacked two weeks ago. It broke my heart again, but sharing the gospel came first. A stolen car didn't matter to me anymore.

두 시간을 기다리다가 겨우 틈을 타서 복음을 전해도 제 말에 귀 기울이지 않고 조롱하는 이웃도 있었지만 저를 포기시키지 못했습니다. 애닯도록 뜨거운 하나님의 가슴을 본 저는 날마다 전도하러 나갔습니다.

그렇게 열심히 복음을 전하던 중 사단이 저를 방해했습니다. 제가 전도하기 위해 집을 나서려니까 저의 길을 막고 무서운 마음을 주었습니다. 처음 당해 본 일이라 놀라기도 하고 무섭기도 해서 어찌할 바를 몰라서 집으로 다시 들어가 하나님 앞에 울면서 기도했습니다. 기도할 때 하나님은 제 마음에 담대함을 주셨습니다. 저는 큰 소리로 사단을 대적했습니다.

**'마귀를 대적하라. 그리하면 너희를 피하리라.'**

이 말씀을 마음에 새기며 담대히 기도했습니다.

다음 번에도 사단은 전도하기 위해 집을 나서는 저를 막았습니다. 이번에는 대문을 못 열도록 저를 가로막았습니다. 예수님 이름으로 사단을 대적했습니다.

"예수 그리스도 이름으로 명령한다. 더러운 귀신은 내게서 나가라!"

Sometimes, I had to wait two hours standing outside just to get a chance to share the gospel. Other times, I barely got a chance, only to receive belittling and condemnation. But nothing could stop me. I had witnessed God's pain and sorrow. I continued to wake up the next morning to go out and share the gospel again.

As I continued daily evangelism, zealously, Satan sabotaged me. One day, I was about to leave the house for daily evangelism. Satan stopped me and  manipulated me to feel frightened. I had never been in such a situation before, and I was scared. I went back into the house and started praying in tears. When I prayed, God gave me a strong heart. I confronted Satan in prayer, saying the Scripture out loud:
**'Resist the devil, and he will flee from you.'**

On another day, Satan stopped me again. I was about to go out for daily evangelism. This time, Satan hindered me from opening the front door. I resisted Satan, in Jesus' name, as the Bible said.
"In the name of Jesus Christ, I command you out of here!"

그러면 어느 틈엔가 사단은 사라지고 없었습니다. 이렇게 두 번 방해하고 나서야 사단은 완전히 도망가 버렸습니다. 예수 그리스도의 능력을 믿는 자들은 예수 그리스도의 이름으로 귀신을 쫓아낸다고 말씀하신 대로 귀신은 쫓겨나갔습니다.

그 일이 있은 뒤 선교원 원아인 진영이(가명) 어머니가 떠올랐습니다. 불교를 믿는 분이지만 찾아가서 복음을 전했습니다. 잘 들으시더니 하나님을 믿겠다고 하셨습니다. 그런데 얼굴이 약간 파랗게 질리는 것 같이 보였습니다. 저는 집으로 돌아와 진영이 어머니가 온전히 예수님을 영접하실 수 있도록 기도했습니다.

일주일 뒤에 진영이 어머니께서 전화를 주셨습니다. 그리고 이런 질문을 하셨습니다. "예수님은 귀신도 쫓아내시나요?" 저는 그렇다고 대답했습니다. 예수님은 하나님의 아들이시기 때문에 그런 능력이 있다고, 예수 그리스도의 이름으로 쫓아내면 귀신도 쫓겨난다고 말했습니다. 예수님을 영접한 하나님 자녀가 말씀에 기록된 대로 믿고 기도하면 귀신이 도망간다고 말입니다.

Satan was gone in no time. Satan tried to stop me twice. Afterwards, it never happened again. Like the Bible said, that those who believe will drive out demons in the name of Jesus Christ, Satan fled.

A few days after the two incidents, I thought of Jin's (assumed name) mother. Jin was one of my students in the kindergarten class. I was aware that she followed Buddhism, but I still shared the gospel with her. She carefully listened to what I said. She told me she would turn herself to God, but I noticed her face turned somewhat pale when she said that. I kept praying that she would accept Jesus as her Lord wholeheartedly.

A week passed by and Jin's mother called me. She asked me, "Can Jesus expel Satan too?" and I said, "Yes." I explained to her "As Jesus is the Son of God; He is able to cast out Satan. We can also drive Satan out when we pray in the name of Jesus. We, who received Jesus as our Savior, can resist Satan when we pray based on the Bible."

그런데 전화기 건너편 진영이 어머니는 머뭇거리듯 침묵하고 계셨습니다. "지난번 예수님 영접하실 때 온전히 영접하시지 못하셨나요?" 물었더니 "네, 맞아요."라고 하셨습니다. 저는 "아! 그러셨군요. 그럼 제가 다시 방문해서 영접을 도와드리겠습니다."라고 했는데 본인께서 직접 저희 집으로 오시겠다고 하셨습니다.

진영이 어머니는 빠른 시간 내에 오셔서 예수님을 마음 깊이 영접하고 입으로 시인하셨습니다. 다음 날 오전에 진영이 어머니께서 기쁜 목소리로 전화하셨습니다.

"선생님, 너무나 신기한 일을 봤어요! 사실은 제가 스물여덟 살 때부터 늘 귀신에 시달려 살았습니다. 귀신이 시시때때로 제 옆에서 나쁜 행동을 시켰어요. 빨래를 널고 있어도 어느 틈에 옆에 와서 못된 욕을 하며 나쁜 행동을 하라고 속삭이곤 했어요. 저는 너무 힘들어 절에 가서 몇 백만 원 하는 굿도 여러 번 했어요. 그런데 어제 예수님 영접하고 집에 가서 마루에 앉아 '예수님!' 했는데 닭장같이 커다란 장이 저를 둘러치는 거예요.

I sensed over the phone that Jin's mother was hesitating about something. I broke the silence and asked her, "Just to check, did you receive Jesus as your Savior fully and completely the last time we spoke?" and she answered, "Well, not really." I said in an assuring tone, "I see. Then would it be okay if I came over to your place, so I can help you receive Jesus fully?" She said that she would visit me instead.

Jin's mother arrived at my house shortly after. She received Jesus as her one and only Savior and confessed so herself. She phoned me the next morning in a joyous voice.

"Ms. Kim, I experienced something wonderful!
Actually, I had been harassed by Satan since I was twenty-eight. I often felt that Satan was beside me, telling me to do malign acts. Even when I am doing laundry, Satan would approach me and tell me to say curse words and conduct evil things. I couldn't stand it anymore, so I went to Buddhist temples and paid thousands of dollars for shaman exorcisms. But none of it worked. After you prayed with me yesterday, I came home and sat on a couch in my living room. I just said, 'Jesus Christ is the Lord!' Then a metal fence surrounded me, and protected me, like a big cage.

귀신이 저를 해하려고 두 손을 갈고리처럼 하고 제게 덤볐는데도 그 커다란 철장이 저를 보호하고 있어서 안전했어요. 귀신이 화가 나서 저를 끝까지 어떻게 해보려고 했지만 결국 아무것도 못하고는 가버렸어요."

할렐루야! 얼마나 놀라운 일인지요. 그 뒤 진영이 어머니는 남편의 반대로 교회에 나가지 못했지만 성경공부를 하면서 가정에서 믿음을 키우셨습니다. 그 후 때가 되어 교회에 출석하시게 됐고 지금은 한 교회에서 해마다 수많은 사람을 전도하는 권사님이 되셨습니다. 할렐루야!

이렇게 한 사람 한 사람씩 만나서 예수님을 영접시키고 나서 자신들이 원하는 교회에 출석하도록 권했습니다. 친구나 친척, 가족이 다니는 교회에 함께 나가도록 권면했습니다. 제가 다니는 교회에 나가면 더 좋겠지만 어느 교회든 하나님의 교회이기 때문에 출석할 교회 선택은 본인들이 하도록 했습니다. 가족의 반대로 인해 교회에 출석하지 못하는 분은 제가 일주일에 한 번씩 찾아가 도움을 드리기도 하고 본인이 성경을 읽으며 기도하다가 교회에 나갈 기회를 구하고 때가 되면 교회에 나가 하나님께 예배드리도록 권면했습니다.

Satan tried to get to me with its claw-like hands, but I was safe inside the cage. The devil was fiercely mad and tried all sorts of tricks, but it didn't work on me. Suddenly, the devil was gone!"

Hallelujah! How wonderful are the works of God! Though Jin's mother could not attend church regularly, because her husband was against it; she attended bible study and kept her faith. Some years later, she joined a local church. Now she has become a deaconess and brings a number of people back to God. Praise the Lord!

Like I did with Jin's mother, I met people one by one and helped them receive Jesus Christ as their Lord. I also helped them find a church, so they can attend regular services. If their Christian friends or relatives wanted them to join their church, it was even better. I could ask them to attend my church, but it was not of great importance. All churches are God's churches. I let them choose which church to attend. Some new believers could not attend church, because one or more of their family members was against it. In such cases, I paid weekly visits to them, to help them grow spiritually. I recommended that they read the Bible, and pray every day that their situations would change.

그렇게 하나님께서 이끄시는 전도행전이 전개되는 과정에서 잃어버렸던 차를 다시 찾게 해달라고 기도했습니다. 도둑들이 훔친 차를 타고 다니다가 겁이 나서 안전한 곳에 두고 도망가도록 기도했습니다. 기도를 시작한 지 한 달쯤 지나서 경찰서에서 차를 찾았다고 연락이 왔습니다. 서울 모처 경찰서 부근에 있는 주차장에 차가 일주일쯤 주차되어 있었다고 합니다. 할렐루야!

그 후 몇 년이 지나고 저희는 서울에서 경기도로 이사를 가게 되었습니다. 복음을 전했던 이웃 분들과 가끔 전화로 소식을 주고받았습니다. 그러던 어느 날 기쁜 소식을 들었습니다. 제가 전도하러 다닐 때 예수님을 영접했지만 가족의 반대로 교회에 나가지 못하고 집에서 기도 생활만 하셨던 지숙이(가명) 어머니가 이제는 교회에 출석하시며 신앙생활을 하고 있다고 연락을 주셨습니다.

작은 순종으로 시작된 전도를 통해 주님께서 크게 일하고 계셨습니다. 할렐루야!

As I was witnessing the wonderful works of God, I also prayed that we would get our stolen car back. I specifically prayed that the thieves would feel insecure about driving the stolen car and leave it somewhere safe, so we could have it back. About a month after I started praying, we received a phone call from a nearby police station. One of the officers noticed our car, which had been parked for over a week, at a parking lot near the police station. Hallelujah!

A few years went by, and we moved to Gyeonggi province, a suburb of Seoul. I kept in touch with the people I had shared the gospel with. One day, I received good news from one of them. It was Jay's (assumed name) mother, who had received Jesus Christ as her Lord when I shared the gospel with her. She could not attend church due to the opposition from her family. She continued daily devotions and prayers at home. She called me to share the news: she was attending local church and was growing spiritually.

God was working wonders and miracles from small acts of obedience. Hallelujah!

# 11. 계속되는 기도훈련

유·초등부 전도사로 사역할 때 여름마다 열리는 성경학교는 어린 영혼들을 전도하고 그들에게 예수님을 영접시킬 수 있는 가장 중요한 사역이었습니다. 어린 시절에 들은 말씀이 평생 잊혀지지 않기를 기도하며 여러 종류의 시청각 설교자료를 많이 준비하곤 했습니다. 교사 교육으로 시작되는 여름성경학교 준비는 교사 기도회 인도, 시청각 설교자료 준비, 전도사역과 성경학교 커리큘럼 준비 등 빠듯한 일정으로 식사할 시간도 부족할 정도였습니다.

여름성경학교를 통해 수많은 어린이들이 복음을 듣고 예수님을 영접하는 모습을 보며 기쁨이 가득했습니다. 어린이의 식구들이 복음을 전해 듣고 연이어 교회에 나오기도 했습니다. 그렇게 열과 성을 다해 여름성경학교를 마치고 나면 타고난 체질이 약한 저는 한 달 정도 병원에 다니며 지친 몸을 회복시켜야 했습니다.

# 11. Prayer boot camp

Summer bible school was the core of our children's ministry. I shared the gospel with the children and helped them receive Jesus Christ as their Savior during summer bible school. I prayed ardently that the gospel sowed in their hearts would bloom and grow. And, I worked hard to craft visual aids and prepare other materials for summer bible school. Preparing for summer bible school required strenuous work. Starting from designing the curriculum, it went on to prayer meetings, crafting visual aids and materials, evangelism activities, and teachers' seminars. On some days, I could not even find time to eat properly.

Witnessing many children hearing the gospel and receiving Jesus Christ as their Savior, it made me joyous from deep within. Some of the children went back to their homes and shared the gospel with their families. Eventually, the whole family would come to church. After the summer bible school was over, my body was exhausted. Because I am not a naturally strong person, I had to take a full month's rest, after the summer bible school was over.

큰아이가 초등학교 5학년일 때 여름이었습니다. 그 해에도 여름성경학교 준비로 눈코 뜰 새 없이 바쁜데 큰아이가 갑자기 열이 나고 아팠습니다. 아이에게 병원에 다녀오라고 한 뒤 저는 시청각 설교자료 준비를 마치고 교회에 가야 했습니다. 교회에 다녀와 보니 아이 몸에 아직 열이 있었습니다.

다음 날도 새벽기도를 마친 후 여름성경학교 커리큘럼에 따른 교사 교육 준비와 기도, 여름성경학교 소품 준비, 지도교사 배정 등 교회에서 바쁘게 준비하며 보냈습니다. 집에 돌아와서 아이를 살펴보니 열이 떨어지지 않아 침대에 누워 있었습니다. 처방 받은 약을 먹고 휴식하였지만 삼 일이 지나도 차도가 없었습니다. 다른 병원에 가서 진료를 받고 약도 먹었지만 아이는 약을 다 토해버리고 계속 열에 시달리며 아파하기만 했습니다.

여름성경학교가 시작하는 전날 밤까지 큰아이는 음식을 먹어도 토하고 약을 먹어도 토할 뿐 별다른 차도가 없었습니다. 마음이 다급해서 늦은 밤에 약국에서 약을 처방 받아 먹였지만 또 모두 토해버렸습니다.

One summer, when Lauren was in 5th grade, I was busy spending time, as usual, preparing for summer bible school. One morning, Lauren had a high fever and flu. First thing that morning, I took her to see a doctor. In the afternoon, I had to work on preparing visual aids. I had to run to church in the evening. I came back home later that night to discover that she still had the fever.

The next day, starting with early morning prayer service, I led a teachers' seminar and prayer meeting. I had to prepare visual aids, and I also had to assign teachers for other tasks. I could not find time to look after Lauren. I could only pray for her. She was still in bed, and her fever hadn't gone down. She had been taking her prescribed medicine for the past three days, along with taking rest; but there was no sign of recovery. I took her to see another doctor, but it was ineffective. She was still suffering from a high fever. Whenever she ate, she would vomit everything, including the medicine she took.

Even until the night before the first day of summer bible school, she remained ill and continued vomiting. I tried another flu medicine, but it was still not working for her.

밤 11시가 되도록 회복이 되지 않았고, 이미 삼 일이 넘는 기간 동안 제대로 먹지 못한 아이는 힘없이 축 늘어져 있었습니다. 병원과 약국의 진료가 다 소용없으니 답답하기가 한이 없었습니다.

속수무책으로 아픈 아이를 두고 여름성경학교를 진행하는 것도 막막했고 무엇보다 아이가 너무 불쌍했습니다. 큰아이를 치료해 달라고 간절히 기도하기 시작했습니다. 두 시간 가까이 하염없는 눈물로 기도하고 있었습니다. 눈앞에 아무것도 보이지 않고 오직 큰아이 치료만을 위해 시간 가는 줄 모르고 간절히 기도했습니다.

그때 주님께서 말씀하셨습니다.
"그렇게 기도해라. 내가 네게 수많은 생명을 맡겼다."

그 음성을 듣는 순간 놀라우면서 두려웠습니다. 누워 있는 큰아이의 이마를 만져보니 그 뜨겁던 열이 다 내려가고 없었습니다. 아이는 곤히 잠을 자고 있었습니다.

It was past eleven at night, and she was in bed with little strength. She hadn't eaten properly for the past few days, and nothing worked for her flu. It was frustrating.

I couldn't leave my sick daughter at home for summer bible school. My heart was breaking to see her suffering with no sign of recovery. Once again, I prayed to God for my daughter. I was praying in tears, for nearly two hours, for God to heal my daughter. I couldn't think of anything else but Lauren's recovery. Two hours of prayer went by in a blink.

Then the Lord whispered in my ears.
"That is how I want you to pray for the numerous lives I have entrusted you with."

I was surprised and afraid at the same time. Being confirmed that God had listened to my prayers, I placed my hand over Lauren's forehead. The fever was gone, and she was sound asleep.

하나님 앞에 한없는 감사와 두렵고 죄송한 마음으로 눈물만 흘리며 아침까지 밤새 기도했습니다.

다음 날 아침, 제 눈은 두꺼비 눈처럼 부어 있었고 온 가족이 아침 식사를 먹지 못한 채 교회로 향했습니다. 며칠 동안 굶다시피 한 큰아이에게 닭죽을 먹이고 싶은데 어찌할 도리가 없었습니다.

눈물을 머금고 마음속으로만 "하나님! 큰아이가 며칠을 굶었는데 어쩌죠?" 하고 기도했습니다. 음식을 준비할 시간도 없어서 애끓는 마음으로 교회에 갔습니다.

여름성경학교 오전 예배와 학습활동을 마치고 간식 및 휴식시간이 되었습니다. 주방 옆을 지나다가 음식을 준비하시는 집사님들이 웃으며 하시는 말씀이 제게 들렸습니다.

"아니, 이 더위에 웬 닭죽이야!"
"그러게 말이야, 홍 집사님이 갑자기 아침에 아이들에게 닭죽 먹이면 좋다고 고집을 부리시면서 당신 마음대로 사오신 거야."

I prayed on, all night long. My heart was full of thanks and penitence. Tears fell as I prayed.

The next day came. My eyes were swollen from last night's prayer. Our whole family had to skip breakfast and go to church for the summer bible school. I wished I had time to make chicken soup for Lauren, who hadn't eaten for days. But I was helpless.

I prayed again, "Lord, you know Lauren had not eaten anything for days. Please help." My heart was breaking once more. I didn't have enough time to fix breakfast. I had to go to church with grief.

After the morning session, I walked by the church kitchen during break time; and I heard some of the volunteers talking and laughing.

"Chicken soup in this hot summer?"
"I know. Mrs. Hong insisted that chicken soup is good for the children, and she bought all the ingredients this morning. It was her call."

"(웃으시면서) 애들이 좋아나 할까 몰라."

그때 홍 집사님은 "걱정 마, 잘 먹을 거야. 애들이 닭죽을 얼마나 좋아하는데!"라며 크게 웃으셨습니다.

웃음소리와 함께 들려오는 집사님들의 대화로 인해 제 마음은 감격의 눈물과 감사의 미소로 가득했습니다. 하나님 감사합니다.

제가 여러 교회에서 여름성경학교를 이십 년간 사역하면서 점심 식사로 닭죽이 나온 것은 그때뿐이었습니다.

그 후 성경에 나오는 기도의 유형들을 연구하게 되었고 성도 한분 한분의 생명을 주님 마음 같이 사랑하며 사역하는 것을 배웠습니다. 그리고 하나님께서는 더 깊게 더 많이 기도하며 사역하라는 교훈을 가슴에 새기게 하셨습니다.

"(Laughing) I'm not sure if the kids will like it."

Then Mrs. Hong said, "Don't worry a thing, you don't know how much kids love chicken soup." And she laughed cheerfully too.

I was amazed how God had answered my prayer. He was working for my needs and prayers. I was overwhelmed with joy and thankfulness. Thank you, Lord.

Never had I seen or heard of chicken soup being served for lunch in the children's bible school in my twenty years of ministry. It was purely by the hands of God.

After this incident, I studied different forms of prayer in the Bible. The Lord has taught me how He cares and loves every single soul. He made me learn, by heart, that I should pray more and pray deeper for God's ministry.

# II

/

복을 유업으로 주시려는
아버지의 마음, 사랑!

God's love abounds;
Father's Heart desires to bless us

# 12. 연약한 갈대

저는 스무 살까지 가치가 없는 사람이라고 생각하며 살았습니다. 제
위로 오빠와 언니가 한 명씩 있어서, 부모님께서는 제가 만약 아들로
태어나면 삼 남매만 키우기로 하셨다고 합니다. 기대와는 달리 딸이
태어났고 아들을 원하셨던 할머니께서는 저를 사랑해주지 않으셨습
니다.

부모님은 저를 사랑하셨지만 제게 사랑을 표현해 주실 시간이 없었
습니다. 아버지와 어머니께서는 사업을 하셨기 때문에 항상 사무실
에 계셨고, 집에 계시는 할머니의 팔베개에는 늘 오빠와 언니가 있었
습니다. 저는 의지할 데가 없어서 가정부 언니 곁에서만 지내며 마음
속으로 외로움을 쌓고 살았습니다.

# 12. Like a reed blowing in the wind

I spent most of my childhood and youth thinking I was worthless. Before I was born, my parents had already given birth to a son and a daughter. They had a family plan of having three children, if I was born as a boy. Unlike their expectation, a baby girl was born. My grandmother, who wanted a second grandson more than anyone, was not happy to see a second baby girl.

Yet, my parents loved me dearly and cared for me greatly. They were running a business together at that time; hence, they did not have much time to express their love for me sufficiently. My grandmother, who was living with my family, was always cuddling my brother and my sister, but not me. I had no one to depend on. I hung in the kitchen with the housekeeping maid. I was alone.

할머니는 제가 태어나면서 사업이 망하게 됐다고 말씀하시며 제게 미움의 시선을 자주 보내셨습니다. 어린 저는 자주 홀로 방치되었습니다. 어린 마음에도 저는 너무 외로워서 종종 울었습니다. 방 한 구석에 혼자 있는 시간이 많았고 그럴 때마다 제 안에는 살고 싶은 마음이 없었습니다.

저를 귀하게 여겨 주는 사람이 하나도 없다고 생각하며 사는 삶은 매일 외로운 싸움이었습니다. 쉰 살이 넘어서야 알게 된 사실인데 제가 서너 살쯤 되었을 무렵, 작은아버지께서 사업 관련으로 저희 아버지로부터 크게 야단맞고 사무실에서 나오시면서 방에서 놀고 있는 저를 홧김에 들어서 던졌다고 합니다. 이 일이 있은 후 저는 경기를 하며 심하게 떨었다고 합니다. 아이가 살 수 없을 것 같아 걱정이 된 어머니께서 아이가 안정되게 돌봐 달라고 외할머니께 맡기셨다고 합니다.

제가 얼마 동안 외가댁에서 지냈는지는 기억이 나진 않지만 외할아버지와 외할머니, 외삼촌들과 함께했던 아름다운 추억들은 많이 간직하고 있습니다. 아침에 눈을 비비고 일어나면 커다란 무쇠 솥에 하얀 밥이 가득 있고 그 위에 노란 고구마 두 쪽이 모락모락 김이 나며 올려져 있었습니다.

My grandmother kept neglecting me and blamed my birth for the failure of my parents' business. She looked at me with disdain in her eyes. Though I was little, I knew I was lonely. I cried often out of sorrow and loneliness. I was usually left out and by myself. It made me feel like I was useless, and I didn't want to live anymore.

Living a life feeling that there is no one who cares for me, gave me harsh struggles every day. I found out recently that, when I was about three years old, my uncle threw me in the air out of anger. Before that, he had been scolded fiercely by my father about his business. He saw me playing by myself in a room on his way out. He took his anger out on me. After this incident, I was having convulsions out of shock. My mother was worried that I may fail to live. She sent me to her parents' house in the countryside for recovery.

I cannot recall accurately how long I stayed with my grandparents from my mother's side. I have many good memories staying with my grandfather, grandmother, and uncles. I remember waking up to see two pieces of golden sweet potatoes, steamed over a huge pot of white rice, every morning.

밥보다는 고구마를 좋아하는 저를 위해 외할머니께서는 날마다 달콤한 고구마를 쪄 주셨습니다. 어린 저를 살뜰히 챙겨주시는 외할아버지, 외할머니의 한결같은 사랑은 따스했습니다. 제가 평생 잊지 못하는 추억입니다.

하지만 아버지께서 저를 보려고 가끔 들르신 날이면 어린 저는 외가댁 뒷마당에서 가족이 그리워서 엉엉 울었습니다. 어느 날은 아버지께서 "이 녀석이 집에 가고 싶구나."라고 말씀하시더니 저를 집으로 데리고 가셨습니다. 집에 와보니 할머님도 언니도 오빠도 온 가족이 모두 다 평안히 있었습니다. 다들 평안한데 저만 왜 외가댁에 살았는지 이유를 몰랐기 때문에 저는 다시 한 번 제가 버려졌다고 믿었습니다.

외가댁에서 돌아왔지만 여전히 할머니의 미움을 받으며 방 한 구석에 혼자 있는 날이 많았습니다. 아무도 저를 돌봐 주지 않았기에 저도 모르는 사이에 제 존재감을 상실해 가고 있었습니다.

스물한 살쯤이었던 어느 따뜻한 봄날인 것으로 기억됩니다. 따스한 봄바람이 스치는 듯하더니 귀에 어떤 소리가 들려왔습니다.

My grandmother knew that I liked sweet potatoes more than rice, so she always steamed sweet potatoes for me. Their love for me was unconditional and unchanging. I still feel the warmth of their love in my heart.

My father came by from time to time to check on me. Seeing my dad, I burst out crying in the backyard missing my family. One day, my father came to take me home saying, "I can see you miss home. Let's go home." I came back home, only to realize everyone else was doing well. I couldn't understand why I had to leave home and stay with my grandparents, while everyone else was doing okay. I thought again that I had been left out, that I was abandoned.

Even after I came back from my grandparents', my grandmother was still holding a grudge against me. I spent most of my days alone in the corners of a room. No one was looking after me, and I was losing my self-identity.

After I had grown up, and I was twenty-one years old, I had a unique experience. It was a beautiful spring day, with a warm breeze.

"죽을 힘이 있으면 살 힘도 있다."라고 말하는 소리였습니다. 깜짝 놀라 주위를 돌아보았지만 아무도 없었습니다. 따뜻함이 포근하게 제 마음속으로 밀려오는 것 같았습니다. 신기한 것은 이 소리와 함께 저의 내면에 있던 죽음에 대한 생각이 완전히 사라졌습니다. 죽고 싶은 마음이 죽을 힘이 있으면 살 힘도 있다는 생각으로 바뀌었습니다. 제 안에 강인한 생명의 힘이 존재한다는 사실을 알게 되었습니다.

'죽을 힘이 있으면 살 힘도 있다.'
몇 번이고 되뇌면서 제게 살아갈 힘이 있음을 확인했습니다. 몇 년이 지나고서야 그 음성이 주님의 사랑이 담긴 음성이었음을 알았습니다.

그 사건 이후 저는 어떤 고난의 상황에서도 주님을 먼저 바라보았습니다.

제가 견디기 어려운 상황에 처해도 세상의 현실을 보기 전에 주님을 먼저 바라보는 믿음을 주셨습니다.

Just like the spring breeze surrounding me, a voice slowly filled my ears. 'If you are strong enough to die, then you are strong enough to live on.' I was shocked and looked around, but there was no one. It felt like a warm blanket was covering my heart. What shocked me the most was that the suicidal thoughts within me were gone. Thoughts about death transformed to thoughts about life. I discovered a resilient force toward life, within me.

'If I am strong enough to die, then I am strong enough to live on.' I spoke this to myself several times. It reassured me that I did, in fact, have this strength within me. Several years passed, and I came to realize it was a voice from God and His unending love.

After that day, I changed my attitude. I wanted to seek the Lord, before anything else that may come.

God sowed a faith in me to look unto the Lord when I am under hardships and sufferings, a faith that leads me to confide in Him and not give in to reality of the world.

헤쳐나가기 불가능해 보이는 문제를 만날 때마다 말씀을 우선 의지하고 힘든 고통이 있을 때에도 주님만을 붙잡고 일어서는 믿음을 갖게 하셨습니다.

주님만을 바라보는 믿음을 가지고 매일 찬양을 부를 때 주님께서는 저를 새롭게 만나주셨습니다. 성경 말씀과 설교를 통하여 하나님 아버지의 뜻을 더 깊이 깨닫게 해주셨습니다.

저를 지으시고 늘 지키시는 하나님은 죽음의 늪에서 저를 일으켜 세우셨습니다. 세상에서 가장 못나 보이는 사람을 주목하여 아버지의 사랑으로 품으셨습니다. 매일 성경을 읽으며 하나님을 만나고 사랑을 덧입으면서 저의 삶은 날마다 행복해져 갔습니다.

저를 귀하게 여겨 주는 사람이 하나도 없는 줄 알았는데 말씀 속에서 단언하시는 아버지의 말씀은 제게 힘이 되고 사랑이 되었습니다.

He gave me faith to turn to the Bible and hold on to His hands whenever I confront impossible problems and unbearable pains.

I praised the Lord with this faith every day. The Lord renewed His love within me day by day. He opened my eyes to understand His purposes more deeply through the Scriptures and sermon messages.

God, who has created me and who is watching over me, had lifted me from the swamps of death. I was the most worthless of the worthless; yet, His eyes remained on me and embraced me firmly with His love. He made His love in me anew every day. The dim days of my life were brightened day by day with the joy He had given.

Never had I thought anyone would have such love for me. God's love transformed me, as it was affirmed in the Bible. It strengthened me and filled me with love.

'하나님께서 우리를 위하시는데 누가 우리를 대적하겠는가. 자기 아들을 아끼지 아니하시고 우리 모든 사람을 위하여 내어 주신 이가 어찌 모든 것을 우리에게 주시지 아니하겠는가. 누가 우리를 그리스도의 사랑에서 끊을 수 있겠는가. 우리를 사랑하시는 이로 말미암아 이 세상을 넉넉히 이길 수 있다.'

로마서에서 말씀하신 대로 어떠한 고난도 하나님 아버지의 사랑에서 우리를 떼어 낼 수 없었습니다.

말씀을 읽을 때마다 우리 아버지 하나님의 깊고 애절한 사랑의 고백이 제 가슴으로 파고들어 마음속 아픔은 사라지고 기쁨과 감사가 넘쳤습니다.

지인들은 저를 보고 어려움 없이 산 것 같다고 하지만 저의 어릴 적 삶은 늘 죽음을 생각하는 고난의 연속이었습니다.

주님은 친히 이러한 저를 찾아와 주셨고 말씀과 사랑으로 회복시켜 주셨습니다. 가장 연약한 갈대, 상한 갈대 같은 저에게 주님은 날마다 기쁨을 주시고 할 수 있다는 믿음을 주셔서 좌절하지 않도록 도와주셨습니다.

'If God is for us, who can be against us? He did not spare His own son and gave him for us. How will He not graciously give us all things, along with His son, as well? Who can separate us from the love of Jesus Christ? In all these things we are more than conquerors through God, who loved us.'

As it was testified in Romans, no hardships could separate us from the love of God.

His abounding love was inscribed in my heart as I read the Bible. My heart was no longer in agony; it was full of joy and thanks.

People would tell me that I looked like I had a problem-free life as a child; but I was in continuous pain, thinking nothing but death.

The Lord found me in my pain and revived my spirit with His truth and love. I was like a bruised reed, but He did not forsake me. He strengthened me, gave me faith, and clothed me with unceasing joy so I would not be disheartened.

이 땅의 열매를 맺을 수 있는 나무가 되도록 키우셨습니다.
이로 인해 다른 사람의 아픔도 이해할 수 있게 되었습니다.
이웃의 고통에 눈물로 위로하는 사람이 되었습니다.

마음에 고통이 있는 사람들을 만나면 저를 죽음에서 건지신 아버지의 사랑을 전해 주고 싶은 마음에 온 힘을 다해 그분의 사랑을 전합니다.

아무리 슬프고 힘들지라도 하나님 아버지 한 분만 의지하고 바라면 모든 것을 협력하여 선을 이루어 가시는 아버지의 사랑을 저는 이미 경험했기에 그 사랑을 전할 수 있습니다.

높이와 깊이를 상상조차 할 수 없는 아빠 아버지의 사랑 앞에 저는 날마다 마음을 모아 무릎을 꿇습니다.

이러한 하나님의 사랑에 찬양과 기도로 화답할 때마다 제 마음은 행복에 겨워 웃고 또 웃습니다.

주님은 외로움에 지친 저를 지켜보시다가 세상이 줄 수 없는 사랑으로 채워주셨습니다.

He nurtured me to become a fruitful tree for His Kingdom.

I have grown to understand others who are in indescribable pain.

I have grown to become someone with heartfelt tears for the ones in pain.

This is why I aim to share God's love when I meet people who are suffering from life's difficulties. I strive in every way to let them know God's love, which is the love that saved me from death.

In my life, I have witnessed that God works for the good of those who confide in Him - despite hardships. And I find it my calling to share that love with others.

I kneel and lay my heart before my Abba Father God and His immeasurable love every day.

I laugh like a carefree child in His presence. I give Him thankful praise and prayers for His great love.

God had gazed His eyes upon me who was dreary in loneliness. He filled me with the greatest love, a love the world cannot offer.

# 13. 제가 이 땅에 있는 이유는

하나님께서 저를 버림받았던 삶의 고통에서 구원하신 이후로 전능하신 하나님 아버지를 예배하는 것이 제가 이 땅에 있는 이유가 되었습니다.

구원의 기쁨과 감사로 가득 찬 예배는 의무가 아니라 은혜가 되었습니다. 하나님께 예배드리는 것이야말로 제가 살 수 있고 또한 살아가는 이유가 되었습니다. 저는 이십 대부터 지금까지 예배를 제 삶의 우선순위로 두었습니다.

아이들도 어릴 적부터 함께 가정예배를 드리며 예배자의 삶을 살도록 양육했습니다. 아이의 성장에 따라 찬양으로 드리는 예배, 성경동화를 읽으며 말씀에 친숙해지도록 하는 예배, 짧은 말씀을 읽고 기도제목을 나누는 예배, 말씀을 읽고 자신의 생각이나 질문을 나누는 예배 등 방식을 바꾸어 가며 예배를 드렸습니다. 때때로 아이를 향한 축복 기도를 더하기도 했습니다. 정해진 양식보다는 하나님 중심의 예배가 삶에 어우러지는 것이 목표였습니다.

# 13. My reason for being

Since God had saved me from the pains of living an abandoned life, giving worship to my Lord God almighty has become my reason for being on this earth.

Giving worship to God in my daily devotional was filled with joy and thankfulness. It was by grace, not by obligation. Praising Him was the reason I could live on, and at the same time, the reason for my being. Devoting my time to give God worship has been the top priority in my life since I was in my twenties.

I raised my daughters to live the lives of worshippers. We had daily family worship every evening, after dinner. Sometimes it consisted of praise and worship, or bible story worship, or devotions and sharing prayers. We also read Scriptures and discussed the Scriptures that were read. On some occasions, Song and I blessed the girls in prayer. Instead of adhering to a single form of worship, Song and I wanted to worship God in every aspect of our daily life.

모든 상황에서 예배를 저희 가족의 삶에 최우선 순위에 두었습니다. 공부나 시험도 예배보다 우선되지 않도록 가르쳤습니다. 공부는 주중에만 하고 주말에는 하나님을 예배하며 쉬는 것이라고 일러주었습니다. 감사하게도 두 아이 다 순순히 따라 주었습니다. 아이들의 마음속에 힘듦과 불만이 있었겠지만 어쨌든 작은 파도들을 이겨 주어 고마웠습니다.

고된 시집살이 이후 저는 원인을 알 수 없는 통증이 많이 생겼습니다. 몸의 기능이 저하되어 음식을 소화하기가 어렵고 심한 통증 때문에 숨을 쉬는 것조차 곤란할 때가 많았습니다. 일상적인 생활도 힘에 부쳐 쓰러지듯 누워야만 할 때도 있었습니다.

Giving worship to God has been a top priority in our family. Song and I advised our daughters that nothing should come before worshipping God - including schoolwork and exam preparations. We encouraged them to study during the weekdays and take a full rest on Sunday, to give worship to God. They gladly agreed and fully observed Sunday as the Lord's Day. I assume that they must have experienced certain difficulties at times. I am thankful that my daughters obeyed willingly, despite the hardships they had to go through.

After having lived under the suppression of my mother-in-law, my body became frail and started to have constant body aches. My body was not functioning properly, and I could not digest food like normal people could. Severe pain struck me from time to time. When it did, I could hardly breathe because of the pains. Daily activities became challenging tasks for me. I had to lie down often, because I was out of physical strength.

체력이 소진되어 누워 있을 때에도 예배드리는 것을 빼놓지 않았습니다. 정신이 희미해질 정도로 몸의 통증이 극심한 때에도 치유하시는 예수님의 이름을 부르며 주님의 능력을 믿음으로 고백했습니다. 그리고 혼절하듯 잠이 드는 때도 있었습니다.

사역을 하다 보면 이유 없이 노골적으로 인격을 모독하는 사람도 있고 그 외에도 견디기 어려운 핍박이나 고난이 닥치는 때가 있습니다.

그럴 때면 가슴이 찢어지는 듯한 아픔에 며칠 동안 고통 속에 지냅니다. 결국은 주님이 주시는 은혜 안에서 이겨내고 말씀으로 위로 받을 줄로 믿지만 참고 덮어 주기만 하면서 말 못할 고난을 당하는 제 모습이 바보 같기도 해서 억울한 마음이 들 때도 있습니다.

이런 고통의 시간을 지날 때면 마음의 아픔이 육체의 기력을 소진시켜 주님을 예배할 마음이 작아지는 것이 감지될 때도 있습니다. 그럴 때마다 제가 이 땅에 있는 이유를 다시 한 번 생각합니다. 제가 이 땅에 있는 이유는 하나님께 예배드리는 것임을 제 마음에 다시 한 번 새기며 주님 앞에 고백합니다.

Even when I was in bed from exhaustion, I never forgot daily devotion and worship. When severe pain struck me, and I was nearly fainting; I called out the name of Jesus Christ who heals me. I confessed with faith, "My God is able". Sometimes I fell asleep calling on the name of Jesus.

I strive to live the life of a true worshipper. However, there are times when I face unbearable persecution and difficulties for serving God's ministry.

My heart breaks into pieces when I suffer from such difficulties. The pain keeps coming back to me for days. Even though I know for sure that the Lord will give me comfort and strength through the Scriptures; sometimes I feel foolish, not being able to say a word to those who offend me.

And when I am going through such times of difficulty, I sometimes sense that my willingness to worship God withers as the pain grows and overwhelms me. This is when I remind myself of the reason for being on this earth; I am here to worship God. I rekindle myself. I confess to God in prayer that I am here to give worship to Him.

다른 어떠한 이유나 아픔도 이보다 우선될 수 없음을 마음에 새깁니다.

오랜 시간이 지나고 보니 이 믿음의 고백이 저에게 아주 큰 힘이 된다는 것을 알았습니다. 이 믿음의 결단이 저를 살려내고 있었습니다. 이 믿음이 있었기에 제 몸은 쓰러지지 않고 고통을 견뎌내고 있었습니다.

고통 속에 흐르는 한줄기 눈물에도 주님을 예배하는 저의 순전한 마음을 주님은 알고 계셨습니다. 숨쉬기도 어려운 고통 속에도 하나님을 예배할 때 자리를 털고 일어날 수 있는 힘을 공급해 주셨습니다.

결혼 응답을 받으면서 매일 세 번씩 기도하기로 하나님께 약속드렸기 때문에 아프고 힘들어도 기도의 시간을 잊지 않았습니다. 짧은 기도라도 순종하는 마음으로 하나님 앞에 무릎을 꿇었던 시간들이 사실은 하나님께서 저의 몸과 마음을 치유해 주시는 시간이었습니다.

가눌 수 없이 아픈 몸과 상처로 낙심한 마음을 가지고도 오직 하나님을 의지하는 믿음으로 기도의 자리를 지켰습니다.

No other reason or pain can obstruct me.

Year after year, I have come to understand that this faith has given me strength. This faith has given me life. Only with this faith, could I withstand the pains of my life.

God watched over me while I shed tears in pain. He knew of my pure heart, wanting to give Him worship under any circumstances. While I would give Him worship, even if I fell short of breath, He would strengthen me to live on; so I could continue to worship Him.

When God answered my prayers on marriage, I promised Him to have private time for devotion and prayers three times a day. I have not skipped a day since then. However short it was, I knelt down in front of Him in obedience. Now I realize that God had been using those times to heal my body and soul.

I stood in front of the Lord in prayer, with firm faith, confiding in God only. I prayed when I was dreadfully ill, and I gave Him worship when I was weary and weak.

기도할 때마다 하나님께서는 제 몸과 마음을 하늘에서 오는 성령의 힘으로 채워주셨습니다.

성령님이 주신 힘이 바로 세상을 이기는 힘이라는 것을 시간이 흐른 뒤에 알게 되었습니다.

하나님께서는 세상을 이길 수 있는 힘은 하나님을 믿는 믿음에서 온 다는 것을 성경에 기록해 놓으셨습니다.

Whenever I prayed, He renewed my body and soul with heavenly strength.

He has taught me that the heavenly strength given by the Holy Spirit empowers me to win victory over this world.

God tells us through the Bible that, our faith is the victory that overcomes the world.

# 14. 고난은…

날 때부터 약한 체력으로 오랜 시간 동안 깊은 고난을 경험하면서 이것이 오히려 하나님께서 제게 베풀어 주신 은혜임을 알게 되었습니다.

고난을 지나는 동안 하나님만을 바라고 기도하면서 은혜를 기다리는 시간은 인내를 배우는 기간이었습니다.

하나님께서 저를 단련하시는 귀한 시간이었습니다.

고난의 시간은 종이 자기 주인의 손을 바라보듯이 하나님만을 바라보며 믿음으로 기다리는 날들이었습니다.

하나님만이 저의 도움이요 산성이 되신다는 것을 제 마음에 새기는 과정이었습니다.

사랑한다
I Love You

# 14. Adversities···

Looking back, I was born with a physically weak body. Furthermore, I had to face a series of hardships and difficulties that affected me physically and emotionally for most of my life. Now I understand that these adversities were part of God's grace for me.

The time I spent longing for God's help in pain, and praying for His grace, taught me perseverance.

It was time well spent with God, who was giving me special training - spiritually.

The days of adversities were the days of waiting and longing for God with faith, like a servant waits upon one's master attentively.

They were the days of internalizing the truth, that God is my refuge and stronghold.

하나님의 거룩하신 성품을 배워가도록 이끄시는 하나님의 침묵이셨습니다.

성령의 인도하심에 순종하는 하나님의 사람으로 매일 조금씩 변화시키는 아버지의 사랑인 것을 배웠습니다.

고난 중에 고백한 다윗의 시편처럼
고난은 아버지의 특별한 사랑이었습니다.

고난은 가장 귀한 보석을 더 아름답게 다듬는 하나님의 연장이었습니다.

고난은 우리로 하여금 기도하게 하고,
기도는 영적인 힘을 기르는 도구인 것을 배웠습니다.

마음이 괴로워 기도하는 시간은 하나님 품 안에 안겨 있는 시간이었습니다. 고난 속에서 사람의 생각을 내려 놓고 하나님 말씀대로 사는 법을 배워가는 은혜의 시간이었습니다. 사람의 지혜를 하나님의 지혜로 바꿔 주시는 하나님의 사랑 깊은 작업이었습니다.

It was the silence of God that guided me to pursue the holiness of God.

It was the Father's love that transformed my life day by day to become a Godly person, and to become more obedient in following the guidance of the Holy Spirit.

As David proclaims in the Psalms,
adversities come with the Father's special love.

Adversity is one of God's tools that can chisel the most precious jewels to shine brighter.

Adversity makes us pray.
And prayer is God's tool that strengthens us spiritually.

Time spent praying to God, amidst life's adversities and hardships, was time spent in God's embrace. It was a time of His grace; leaving worldly thoughts behind and learning to live in God's way. It was God's workshop of transforming human wisdom to God's wisdom.

그래서 저는 고난은 보석이라고 말합니다.

**다이아몬드가 수많은 연마과정을 통해서 탄생하듯이 고난을 통과한 사람은 빛나는 보석이 됩니다.**

This is why I like to describe adversities as precious as jewels.

**As the right amount of time and the right level of pressure forms diamonds, adversities and hardships in life transforms us to shine like the most precious jewels.**

## 15. 빨랫줄에 대롱대롱

아이들이 초등학생일 때의 일입니다. 어느 날, 큰 아이가 뾰로통한 얼굴로 입술을 굳게 다문 채 현관문을 열고 들어왔습니다. 그날따라 아주 기분 좋지 않은 일이 있었던 것 같았습니다.

슬그머니 옆에 가서 무슨 일이 있었는지 물었습니다. 망설이는 듯하더니 같은 반 남학생들이 놀려서 무척 속상하다고 답했습니다. 이야기를 들어보니 친구들의 장난인데 어린 마음에는 많이 서운한 것 같았습니다. 엄마가 어떻게 도와줄 수도 없고 해서 식사를 준비하다 말고 "어떤 녀석이 그랬어! 이 녀석 내가 빨래집게로 꽉 집어서 빨랫줄에 대롱대롱 매달아야겠네." 화를 내는 척 연거푸 큰 목소리로 "누구야, 누구?" 물었습니다. 그러고 나면 우리 큰아이 얼굴이 살짝 가라앉으며 "이잉, 나쁜 녀석들." 하면서 제 방으로 들어가곤 했습니다.

# 15. Dingle dangle on a clothesline

This anecdote dates back to when my daughters were in elementary school. One day, Lauren came home from school with a frown on her face. It seemed like she had had a bad day at school.

I slowly approached her and asked what had happened. She hesitated at first, but then told me that she was upset; because the boys in her class teased her. I listened to her full story and figured it was part of simple childhood pranks. Yet, being a small child, she seemed to be quite upset. It was not something I could change, so I decided to soothe her feelings. I exaggerated my voice and said, "Who is that brat! I'm going to catch him with a clothespin and hang him on the clothesline. Dingle-dangle, he will be!" I asked her what the name of the boy was repeatedly, in exaggeration, as if I was really going to catch him with a clothespin. Then she eased her mind and returned to her usual day.

둘째 아이도 마찬가지였습니다. 학교에서 남학생들이 장난치며 놀렸던 날이면 집에 와서 엄마에게 속상한 목소리로 이야기하곤 했습니다. 그럴 때마다 또 어김없이 빨래집게가 등장하고 우리들은 상상 속에서 한 녀석, 두 녀석씩 빨랫줄에 대롱대롱 매달았습니다.

세월이 지나고 나서 저는 그 일을 잊어버렸는데 아이들이 성인이 된 후 즐겁게 웃으면서 말해주었습니다. "엄마, 그때 빨래집게 진짜 재미있었어요. 빨래집게로 그 녀석들을 거꾸로 매달아 버린다고 한 게 정말 속 시원했어요. 2탄도 있었는데, 기억나세요?"
큰아이가 시원하게 웃더니 한마디 더 보탭니다. "볼기짝을 벗겨서 몽둥이로 때려 준다고 하신 게 더 웃겼어요!"

평소에 조용하던 엄마가 그렇게 생생하게 표현한 것이 아이들에게는 적잖은 충격이었지만 속상했던 마음에 위로가 되었다며 즐겁게 재잘거립니다.

아이들이 이야기하는 것을 들으며 함께 배를 움켜쥐고 크게 웃었습니다. 우리들의 상상 속에 몇 녀석을 빨랫줄에 매달아 놨는지 생각할수록 우스웠습니다.

The same thing happened to Audrey as well. Some days, she would come home from school and tell me what kind of pranks the boys did that day. Then I would bring up the 'clothespin and the clothesline' again. In our imagination, those little boys were 'dingle-dangling' on our clothesline.

Many years passed by, and I had forgotten all about it. One day, my daughters told me the story and we all had a good laugh together. "Mom, I loved that clothespin thing you said. It made me feel like I really had given them a good payback. Do you remember the spinoff version?" They laughed again and added, "It was even funnier when you said you are going to give the boys a spanking!"

They said they remembered it so vividly because hearing such words from their mom, who was gentle and reserved, was rather shocking. Though it may have been shocking, they said it eased their upset minds.

I also had a good laugh listening to their stories. Looking back, it was hilarious having so many boys clipped on to the clothesline in our imagination.

이렇게 함께 웃으면서 아이들이 자라던 과정을 추억하기도 하지만 저의 부족함으로 상처받았던 일을 이야기하기도 합니다. 그때마다 '엄마가 부족해서 그랬어, 미안해.'라고 말하며 아이들의 마음을 위로해 줍니다.

태 안에 있을 때부터 아이들을 위해 매일 기도했어도 어떤 일은 저의 미성숙함으로 인해 제 방식대로 생각하고 말했기 때문이고, 또 다른 어떤 일은 그때 상황에서 별다른 도리가 없었기 때문인 적도 있습니다. 당시 정황을 이해시켜보고 싶은 마음이 앞설 때도 있지만 '아이들이 더 성장하고 후에 엄마가 되어보면 알게 되겠지.' 생각하며 끝까지 들어줍니다. 자녀들이 저의 마음을 몰라준다고 하더라도 마음의 상처를 풀어 주기 위해 "엄마가 미안해. 엄마가 네 마음을 몰라줘서 미안해."라고 사과합니다.

부모와 자녀의 관계지만 저와 저의 아이들은 서로 사과하고 서로의 잘못을 용서합니다. 이런 과정을 통해 죄성을 가진 우리의 모습을 회개하게 되고, 또한 우리가 거룩하신 하나님 앞에 더욱 성숙해질 것을 믿기 때문입니다.

Some days, my daughters and I recall the past years and laugh about it. Other days, we talk about the things I did as a mother that unintentionally hurt them. I always apologize to my daughters when such issues come up, "I made a mistake then. I am so sorry."

Even though I kept my daughters in my prayers every day, from the day I knew I was pregnant with each of them; I still made mistakes here and there. Sometimes it was because I was immature, or because I insisted in my own ways, or because of given circumstances that would leave me with no other choices. When my daughters begin talking about such incidents, I try to listen to their full story first. Sometimes I feel the urge to explain why it had to be done and convince them to understand my side of the story. Yet, I listen to them until the end while thinking, 'They'll see the full picture when they grow up and become mothers themselves.' Even when my daughters cannot understand my side of the story, I console them and apologize to them, "I am sorry. I am sorry I didn't understand you then."

Even though I am their mother, we forgive each other and apologize to each other. I believe it helps us grow spiritually through repentance before our Holy God.

세월이 많이 흐르다 보니 어느새 아이들이 사회 구성원의 일원으로 훌쩍 성장했습니다.

몇 년 전에 큰아이가 전화로 믿음의 성장에 대한 고백을 들려주었습니다. 당시 큰아이는 미국에서 지내고 있었기 때문에 얼굴을 자주 보지 못했는데 떨어져 지낸 사이에 아이의 믿음을 성장하게 하신 하나님께 감사해서 저는 눈물을 흘릴 수밖에 없었습니다. 자녀를 위해 매일 드렸던 기도를 들으시는 하나님의 은혜에 감격한 기쁨의 눈물이었습니다. 그리고 아이에게 말했습니다. "고마워. 정말 고마워. 네 믿음의 고백이 엄마에게는 어버이날 선물이구나. 너의 믿음이 멋지고 네게 은혜 주신 성령님의 역사가 놀라워서 참 감사하단다." 듣고 있던 아이가 전화 너머로 "아이고, 울보 목사님. 또 눈물샘이 터지셨네요."라고 웃으며 말했습니다.

또 어느 날 둘째 아이는 "엄마 감사해요. 그리고 엄마께 죄송했어요. 대학 다니던 내내 힘들어서 투정을 많이 부렸는데 다 들어주시고 제 마음을 사랑으로 위로해 주셔서 그 뒤로 제가 많이 성장했어요."라며 감사를 표현했습니다.

Time flew, and my daughters have grown to become fine young adults.

A few years back, Lauren told me over the phone about how God had grown her faith. She was staying in the US then, and she would come to visit me in Korea once or twice a year. Listening to her confession, I was thankful to God for watching over her when I couldn't. Tears fell as I listened to her. They were tears of joy and thankfulness, because God had graciously answered my daily prayers for Lauren. I told her, "Thank you. Thank you for sharing your amazing confession. Your faith is a present for me on this Mother's Day. Your faith has grown so much; and the Holy Spirit, who has guided you, is amazing. This is why I'm crying. I am so thankful."

On another day, my second daughter also shared her story. "Mom, I want to say, 'Thank you and I'm sorry.' You listened to all my tantrums and consoled me whenever I was having difficult times in college. I could feel your love, and that made me grow to become a mature person." She expressed her thanks to me often.

고통스러워하는 아이의 마음을 받아주고 위로해 줄 때는 제 마음도 같이 아프고 힘들었는데 이제는 성장해서 감사를 표현해 주니 참 흐뭇하고 기뻤습니다. 세월이 지나 성숙한 모습으로 감사를 표현하는 아이들에게 고마움을 느낍니다.

얼마 전에는 둘째 아이가 저에게 이런 고백을 했습니다.
"엄마, 저는 하나님께 은혜를 많이 받았으니 하나님을 더 기쁘게 해 드려야겠다는 생각이 들어요. 그리고 어떤 때는 '내가 하나님께 반쪽 예배를 드리고 있구나.' 하는 생각이 들어서 죄송했어요. 하나님께 예배를 드리려고 간 교회에서 찬양을 잘해서 사람들 앞에서 멋지게 보이고 싶은 마음이 든 적도 있고, 다른 사람에게 예쁘게 보이려고 외모에 신경 쓴 적도 있어요. 그럴 때마다 제가 온전한 예배를 드리지 못하고 있다는 생각이 들었어요. 하나님께 예배드리러 왔으면서 내가 이게 무슨 모습인가 싶어서 마음이 씁쓸하기도 하고 하나님께 죄송했어요. 그래서 이번 주부터는 교회 가면 '하나님! 저 예배드리러 왔어요.'라고 하나님 아버지께 먼저 말씀드렸어요."

둘째 아이의 말을 듣고 있는데 가슴이 찡했습니다. 하나님 아버지께서도 얼마나 예쁘게 아이의 마음을 받으셨을지 상상해 보았습니다.

It was also difficult for me to watch her suffer from life's difficulties and give her comfort at the same time. However, seeing her grow into a mature young adult, along with her expressing her thanks to me, made me genuinely happy. I always thank my daughters in return for expressing their thanks to me.

Audrey told me a while ago, "Mom, I think I need to bring more joy to God than others, because He has given me more grace. I was ashamed of myself, because I felt I was giving Him worship halfheartedly. Sometimes when I go to church, even though I know I'm there to worship God, I wanted to look good to people by my appearance or by singing nicely. It made me feel like I wasn't giving worship to God wholeheartedly. I looked back on myself, and it made me sad. I'm sure I made God sad too. So, starting this Sunday, I said to God as soon as I entered church, 'Father, I'm here to worship you.'"

Listening to Audrey, as she shared, moved my heart. I could imagine how precious she would look in God's eyes.

아이들을 위해 매일 기도할 때 아이들이 하나님께 기쁨이 되는 예배자로 자라도록 기도드렸습니다. 일 년, 이 년이 지나고 십 년, 이십 년이 지나는 동안 매일 눈에 보이는 결과가 있는 것은 아니었지만 계속 기도했던 오랜 시간 동안 주님께서 일하셨습니다.

무슨 일이든지 믿음으로 기도했을 때 주님께서 이루어주셨습니다. 기도로 주님께 모든 것을 맡길 때 저의 능력 밖의 일까지도 세밀하게 돌보시는 것을 아이들을 키우면서 생생하게 경험할 수 있었습니다.

어려운 상황을 우리에게 주실 때 하나님께서는 우리가 먼저 기도하기를 원하십니다. 기도할 때 하나님은 우리를 하나님의 능력 가운데 머물게 하셨고 우리의 삶에 은혜를 넘치게 해주셨습니다.

아이들을 양육하면서 힘든 일이 있을 때마다 저는 간절히 기도할 수밖에 없었습니다. 아이들은 그 기도 속에서 하나님의 은혜로 성장했습니다. 저는 아이들을 위해 기도하면서 하나님의 능력을 경험했습니다.

While raising my daughters, I would pray for them every day. I prayed that they would grow to be worshippers who bring joy to God. While I continued praying for them, for months and years, I did not see changes in them overnight. Yet, God was faithfully working in them during the time I was praying for them.

When I prayed with faith, God would work behind my prayers. I experienced God taking care of everything beyond my knowledge, when I confided in Him. This was especially true in raising my children.

When adverse situations arise in our lives, God wants us to pray first. And when we pray, God lets us remain within His power; and He fills our lives with His grace.

When I encountered difficult situations while raising my children, I couldn't do anything else but pray arduously. My children were raised with God's grace and prayers in their lives. When I prayed for them, I witnessed that God, who is able, provided for them.

저희가 준비하거나 계획하지 않았는데도 두 아이 다 세계에서 손꼽히는 대학원에서 공부를 마치도록 도우셨습니다. 졸업 후에는 아이들이 행복하게 일할 수 있는 직장으로 인도해 주셨습니다.

성령님이 도우실 때마다
저는 하나님의 은혜에 감사하고 감격했습니다.

부르짖고 기도하는 이에게 응답해 주시고 우리가 알 수 없는 크고 비밀한 일을 행하신다고 약속하신 말씀을 기억하면서, 오늘도 하나님을 의지하여 사랑하는 아이들을 위해 기도합니다.

God has helped both of my daughters to study in a master's program at a renowned graduate school in the US God has also guided them when neither Song nor I had encouraged or pushed them. God also provided them with jobs that they are happy with.

I claim it was by the help of the Holy Spirit.
I was, and I still am, thankful for His grace in awe.

I confide in His promise that He will answer us when we call to Him, and tell us great and unsearchable things we do not know. To this day, I pray for my loving children confiding in God.

# 16. 어느 아버지의 사랑

공부를 다 마치고 외국에서 근무하던 두 아이가 휴가를 같이 받아 오랜만에 온 가족이 모였던 몇 년 전의 일입니다. 보고만 있어도 기분이 좋아지는 사랑하는 우리 아이들과 함께 있으니 엄마로서 참 행복했습니다.

어느 날 저녁 텔레비전을 보고 있던 큰아이 옆에 슬그머니 앉아 오디션 프로그램을 함께 보았습니다. 가수가 되기 위해 자신의 재능을 펼쳐 보이는 수많은 청년들 사이에서 자폐증을 가진 아들에게 힘을 주려고 용기를 내셨다는 페인트공인 아버지의 모습이 참 아름다워 보였습니다. 아이를 키우면서 남들이 알지 못하는 어려움 속에 마음이 많이 아프셨을 텐데 그 아버지의 모습 속에는 아들을 향한 애절한 사랑만이 남아 있었습니다.

그분의 노래에는 "아들아, 난 네가 있어서 좋단다. 아들아 나는 너를 사랑한단다."라는 아버지의 강인한 사랑이 느껴졌습니다.

# 16. A father's love

This anecdote is from several years ago, when both of my daughters came home for vacation. Having all my children at home after such a long time, I couldn't ask for more.

One evening, I sat next to Lauren, who was watching a singing competition on TV. It was a Korean reality show. Among a number of young people who were boasting their talents, one middle-aged man caught my attention. He was the father of an autistic son. He entered the competition to encourage his son, and show him his love. His love for his son was more than beautiful. I presumed that he had gone through many forms of hardships and difficulties while raising his son. Yet, I could see his heart was full of nothing but love for his son.

When I listened to him sing, it was as if he was saying, 'My son, I am so happy to have you as my son. I love you, son." It was the steadfast love of a father.

그분에게 스며 있는 넘치지도 모자라지도 않는 겸손함과 과하지도 부족하지도 않은 평안함이 아들을 향한 사랑의 노래를 더욱 아름답게 빛내 주었습니다. 한 아버지의 사랑 앞에 박수를 보내는 심사위원들의 소박한 마음도 보기 좋았습니다.

잔잔한 사랑의 감동을 가슴에 담고 저녁 예배를 드렸습니다. 아들을 향한 아버지의 사랑을 생각하며 제 마음속에 한 소망이 생겼습니다.

"주님!
저도 아버지의 가슴에 있는
아름다운 사랑을 전하는 사람이 되고 싶습니다.

얼굴만 보아도 평안이 전해지는 사람,
가만히 있어도 평안이 느껴지는 사람,
말과 행동에 사랑이 느껴지는 사람,
그런 사람이 되고 싶습니다.

아버지의 마음을 사람들에게 전하는
아름다운 사람이 되고 싶습니다."

I sensed a perfect amount of peace and humility in him, neither excessive nor insufficient. It made his serenade of love for his son stand out even more. The encouraging comments and heartfelt applause from the judges also moved my heart.

The time came for our daily family worship, which we hold every evening. I still had warm feelings in my heart. I was ruminating over a father's love to his son, and I prayed with an earnest desire.

"Lord,

I want to become someone

who shares the beautiful love You have for us.

Someone whom others can see peace from one's face,

Someone whom others can feel peace by being with,

Someone who speaks and acts in love,

I want to be that someone.

I want to become a beautiful person

who shares Your heart to others."

하지만 제 마음은 이내 먹먹해져 왔습니다. 기도로 올려드린 저의 소망에 비해 아직 미성숙한 제 모습에 가슴이 저려왔습니다. 지나온 제 삶의 고통과 먹먹한 마음이 뒤엉켜 한참 동안 고개를 숙이고 하나님을 바라며 묵상했습니다.

바로 그때, 이런 제 모습까지도 따뜻한 눈빛으로 잔잔하게 바라보시는 하나님 아버지의 깊은 사랑을 느꼈습니다.

아직도 어설픈 저를 보시고도 어여쁘다 말씀하시는 하나님 사랑, 저의 부족함과 어리석음을 아시면서도 괜찮다 다독거리며 품고 가시는 아버지의 마음을 느꼈습니다.

오늘도 우리 하나님 아버지는 미성숙한 모습으로 서로에게 아픔이 되고 상처를 주는 우리들을 따뜻하게 감싸 안으시며 기다리고 계십니다.

As I finished my prayer, I felt burdened in my heart. I reflected on my immature self. Contrary to the prayer that I had given to God, I lacked in so many qualities. My heart was heavy with memories of past sufferings and the burdens I felt. I couldn't lift my face before God. I remained in meditation, longing for God.

It was that very moment when I felt His love. He was gazing at me softly, with His profound love.

He sees past my immaturity and still calls me, 'My dear child.'
He knows I am insufficient and foolish, yet He pats me on my back and assures me, 'It's okay.'

He is waiting for us today, with His gentle embrace. He sees us with His loving eyes, even though we are immature and hurt each other.

Ⅱ. 복을 유업으로 주시려는 아버지의 마음, 사랑!
God's love abounds; Father's Heart desires to bless us | 213

그 아버지의 사랑 안에 저는 늘 머물러 있습니다.

아직 제 모습은 부족하지만
온전하신 하나님 아버지의 사랑 안에 거하면서
오늘도, 내일도 하나님 아버지의 사랑에 물들어 가면서

작지만,
하나님 아버지를 닮은
그 사랑이 제 삶에 묻어날 것을 믿습니다.

I remain in His loving embrace every day.

Though I am immature;
I abide in His love.
Day by day, His love is painting me to resemble His love.

I believe that, someday,
I will grow to become that someone
who reflects God's fatherly love.

# 17. 김광극

시어머님은 몇 년 전 소천하셨고 저의 남편도 제가 시집살이로 겪었던 고통을 어느 정도 알고 있습니다. 하지만 시집살이가 끝난 후에도 시어머님께 받았던 고통이 꿈으로 되살아나곤 했습니다. 그런 악몽을 꿀 때면 땀과 눈물이 범벅이 되어서 잠에서 깨기도 하고 숨이 막힐 정도의 고통 속에 잠을 자기도 했습니다.

몇 번 정도 악몽을 꾼 후, 이 정도면 제가 아파했던 고통과 상처가 다 없어졌을 것이라고 생각했습니다. 하지만 그 후에도 가끔 시어머님의 끝없는 폭언과 감시 속에 살던 시절이 떠올라 가슴에 맺힌 응어리가 울컥하며 마음을 치고 올라올 때가 있습니다.

# 17. Gwanggeuk Kim

Because my family moved out, from living with my mother-in-law, the sufferings I had to endure seemed to be over. She passed away a few years ago. And Song, who was not aware of how much I had to suffer, came to understand my pains as well. However, the pains would sometimes come back to me vividly in my dreams. I would wake up bathed in sweat and tears; sometimes feeling the breathtaking pains while I slept.

After having several nightmares, I presumed that I had moved on from the shadows of my pains and sufferings. But I was wrong. Hard feelings would abruptly hit me from time to time, reminding me of the days I had to live under my mother-in-law's condemnation, oppression, and constant surveillance.

그럴 때면 눈물만 흘리며 미어지는 가슴을 달랬습니다. 혹시라도 남편이 제가 우는 소리를 들을까 봐 이불을 뒤집어쓰고 숨죽여 울었습니다. 남편과 함께 미국에서 지내던 어느 날, 시집살이의 고통이 다시 떠올라 조용히 울고 있었는데 어느새 남편이 방에 들어와 차마 소리도 내지 못하고 울고 있는 제 등을 말없이 쓸어 주었습니다. "미안해. 미안해요."라고 말하며 저를 위해 기도하는 것 같았습니다.

참고 있던 눈물이 봇물처럼 쏟아졌습니다. 저는 숨이 끊어질 듯 울었습니다. 말없이 내 고통을 알아주는 남편 앞에 그 동안 꼭꼭 숨겨왔던 감정이 분출된 것이었습니다. 가슴이 막히는 것 같은 고통을 꺼억 꺼억거리며 눈물로 쏟아내고 있었습니다.

견딜 수 없이 아픈 마음의 고통이 밀려와 제 힘으로 다 감당할 수 없을 지경이었습니다. 그때 어떤 한 음성이 들렸습니다. "하늘의 빛이 가득한 자다." 저는 너무 힘들어서 어디서 들려오는 말인지 무슨 뜻인지 알아차릴 수 없었습니다. 아무 말 없이 옆에서 제 등을 쓸어 주던 남편이 말했습니다.
"당신 이름이구나! 나에게 주신 이름인 줄 알았는데… 정금 같은 믿음으로 하늘의 빛이 가득한 자, '김광극'이 당신 이름이었구나."

When the pain came back and struck me, I could do nothing but shed tears. I covered up myself with a blanket, because I didn't want Song to know I was crying. One day, when I was silently crying in the bedroom, Song entered the room and gently patted on my back in silence. It was as if he was praying for me saying, 'I'm sorry. I am so sorry.'

I burst into tears. I cried so hard that I couldn't control my breathing. When I realized that Song was embracing my pains, emotions that I had been suppressing within me finally burst out. I let out the bitterness of my past with tears.

The unbearable pain flooded in, and I couldn't stand it anymore. At that moment, I heard a voice from somewhere saying, "The one who is filled with the light of heaven." I was exhausted, and I couldn't comprehend what it meant or where it came from. Song, who was patting my back gently, said, "I get it now, it's your name. I thought it was a name for me… The one who is filled with the light of heaven and faith like pure gold, 'Gwanggeuk Kim,' this name is for you."

"오늘 새벽에 누구인지 정확히 모르지만 내가 한 여자 가슴에 한자로 쇠 금(金), 빛 광(光), 지극할 극(極), 정금 같은 믿음으로 하늘의 빛이 가득한 자라고 '김광극'이라는 이름을 새기는 것을 보여 주셨어. 나는 내 이름인 줄 알았는데, 하나님께서 지금 깨닫게 하셨어. 당신 이름이라고, 수많은 고통을 견디며 믿음으로 살아온 당신에게 주신 이름이라고. 어머님께서 행하신 일을 누구에게도 말하지 않고 하나님 말씀에 순종하려고 자기 가슴에만 담고 살아온 당신에게 성령님이 주신 이름이라고 알려주셨어."

'김광극'이라는 이름을 듣자 제 눈에서 눈물이 펑펑 흘러내렸습니다. 남편의 이야기와 방금 전 들은 음성이 일치해서 하나님이 주신 이름임을 확신했지만 그 이름을 받기가 너무 송구했습니다. 고통의 날들을 극복할 힘은 하나님께서 주셨는데 귀한 이름까지 주님께 받는 것이 죄송했습니다.

"Early this morning, I had a dream that I was writing a name, in Chinese characters, on a woman's chest - Gwanggeuk Kim. The meanings are: Kim(金)-gold, Gwang(光)-light, and Geuk(極)- utmost. In English, this means 'the one who is full of the light of heaven and full of faith like pure gold.' I thought it was a name for me, but God let me realize just now that it's your name. It's a name for you, because you remained in faith and obedience. You also withstood countless days and nights full of pain. It's the name that the Holy Spirit has given you; for bearing all the pain and obeying God completely. You didn't share my mother's wrongdoings with others, and you didn't blame her."

The moment I heard the name 'Gwanggeuk Kim,' the tears burst out again. The voice I heard and what Song had explained to me were identical. I was sure it was from God. What I wasn't so sure about was whether I deserved such name. God had given me strengths to endure those days. I was embarrassed to be given such an honorific name.

저는 기도를 통해 배우자에 대한 응답을 받아서 결혼했기 때문에 제가 결혼해서 당했던 고통을 가족이나 이웃에게 말하지 않았습니다. 제가 이 어려움을 말하면 하나님께 아무런 영광이 되지 않을 것 같아서 누구에게도 말하지 못했습니다. 남편과 시어머님 사이에 갈등을 부추기게 될 것 같아서 남편에게도 말하지 못했습니다. 이것이 배우자에 대한 기도 응답을 주신 하나님에 대한 예의라고 생각했습니다. 융통성이 없던 제 모습마저도 받아주시는 하나님 앞에 감사의 눈물을 흘렸습니다.

한참을 울며 기도한 후에 남편과 저는 가까운 라구나 비치에 산책하러 나갔습니다. 서로의 마음을 위로하며 바닷가 근처 공원을 산책하고 있는데 어디선가 이삼백여 마리의 새가 날아오더니 제 머리 위에서 무리 지어 춤을 추듯 원을 그리며 날고 있었습니다. 이 년이 가까운 시간 동안 자주 그 공원에 산책하러 갔지만 처음 보는 신기한 광경이었습니다. 사십여 분이 지난 후에도 그 무리의 새들은 떠나지 않고 제 근처에 있었습니다.

I married Song because God gave me a sign to marry him in my prayer. I didn't tell my family or friends about the pain I had to go through. I thought it would not bring glory to God. I didn't even tell Song, because I didn't want to cause conflict between Song and his mother. I believed it was the best I could do for God, who gave me an answer to my prayers. I thanked God in prayer, with tears, for embracing me - even though I was inflexible in my own way.

I prayed and cried for a while.

Afterwards, Song and I went out for a walk at Laguna Beach. It was about a thirty-minute drive from home, so we often went there for a walk. We were walking by the beach and sharing words of comfort with each other. Suddenly, a flock of birds flew upon us. There were hundreds of them, and they were dancing in circles above me. Song and I had visited the beach park frequently, for more than two years then; but it was something we had never seen before. The flock flew around us for over forty minutes.

가만히 앉아서 새들을 바라보았습니다. 새들은 여러 무리로 나뉘어서 서로 돌아가며 마치 군무를 추듯 날아다녔습니다. 한 무리가 춤을 추듯 날아다닌 후 전깃줄에 앉으면 또 다른 무리가 나와 춤을 추듯 날아다녔습니다.

전에 보지 못한 신기한 광경을 보면서 하나님께서 제 이름을 '김광극'으로 새롭게 하시고 저의 지난 상처와 고통을 위로하기를 원하시는 것이 느껴졌습니다. 비로소 저는 '김광극'이라는 이름을 황송하지만 감사하는 마음으로 받기로 했습니다. "성령님! '김광극'이라는 이름을 주셔서 감사합니다." 저는 진심으로 그 이름을 마음에 담았습니다.

그 일이 있은 지 몇 달 후 여름휴가를 맞아 집을 찾아온 두 아이에게 하나님께서 '김광극'이라는 이름을 주셨다고 이야기했습니다. 이 이름을 들은 아이들이 재미있는지 웃으며 "김광극 여사님." 하고 저를 놀렸습니다. 캐나다에 있는 동생에게 전화해서 말해 주었더니 동생도 배꼽을 잡고 크게 웃었습니다. "무슨 여자 이름이 광극이어서 되겠어, 언니?"

I sat down and observed the birds with amazement. The birds flew around me in groups, as if their movements were choreographed. One group flew over me while dancing; and after one group finished flying and landed nearby, another group started to fly over me while dancing.

Looking at the scene with awe, I sensed that God wanted to give me comfort for the pains and hardships of the past by giving me a new name. I still had a feeling that I didn't deserve the name, but I acquiesced to receive the name with a thankful heart. "Thank you, Holy Spirit, for giving me a new name, Gwanggeuk Kim." I embraced the name wholeheartedly.

After several months, I shared the story and the new name, 'Gwanggeuk Kim', with my daughters. They enjoyed the sound of the name and called me 'Dear Mrs. Gwanggeuk Kim' with pleasant laughs. I also told my sister who was staying in Canada at that time, and she had a good laugh saying, "It sounds a little tough for a lady's name, doesn't it?"

남편도 웃으며 "광극님, 광극님!" 하고 가끔 저를 부릅니다. 때로는 남편이 저에게 "광극님, 오늘 스케줄은 어떤가요?"라고 물을 때면 어려운 사역 중에도 같이 웃음을 짓습니다.

모두들 그 이름을 통해 즐겁게 웃게 되는 모습이 기뻤습니다. 아이들이나 남편이 가끔 '김광극'이라고 이름을 부르면 대화를 시작하기도 전에 함께 크게 웃습니다.

누구에게나 웃음을 주는 이름 '김광극'.
저도 이제 웃으면서 "하나님 감사합니다. 저는 이제 김광극입니다."라고 고백합니다. 아직 부족하지만 정금 같은 믿음으로 하늘의 빛이 가득한 자로 살고 싶습니다. 하나님께서 새로운 이름으로 저의 소망을 확인시켜 주셨습니다.

Sometimes, Song calls me "Lady Gwanggeuk" while chuckling. He sometimes asks me, "My Lady Gwanggeuk, how is your schedule today?" and it makes us both laugh - even when we are amidst arduous works of ministry.

I was glad to see everyone responding to that name with delightful laughter. When my husband or daughters call me 'Gwanggeuk Kim,' we laugh even before we start talking.

The name that gives good laughter, 'Gwanggeuk Kim'.
"Thank you God. I am now Gwanggeuk Kim." I pray with a smile on my face. I still lack in many qualities, but I hope to live as the one who is full of light from heaven and having faith like pure gold. God confirmed my hope with the new name.

# 18. 예배드리는 가운데 받는 은혜

매일 예배드린 지 삼십 년이 되어갑니다. 긴 시간을 뒤돌아보면 예배 드리는 삶을 통해 기쁨과 감사를 허락하셨지만 가끔 몸이 피곤할 때 면 형식적인 예배를 드릴 때도 있었고 당장은 은혜를 받지 못할 때도 있었습니다.

예배에 대한 마음이 해이해질 때면 '예배의 주인은 하나님이시니 나 는 은혜를 받지 못했다고 느껴도 하나님께서 이 예배를 기쁘게 받으 실 거야.'라고 마음을 다잡으며 예배를 계속해서 드리곤 했습니다.

신실하신 하나님은 오랜 시간 동안 예배를 통해 제 삶에 은혜를 주셨 습니다. 몇 년 전부터 기대하는 마음으로 매일 예배를 드리게 되었습 니다. 예배 시간에 성경을 읽을 때마다 하나님께서 주시는 은혜의 깊 이가 날마다 깊어지고 말씀의 지경이 점차 넓어지는 것을 경험했기 때문입니다. 말씀 속에 감추어진 비밀을 만날 때마다 제 마음속에 더 깊은 감사와 감탄이 우러나옵니다.

# 18. Grace given through daily devotions

It has been almost thirty years of having private daily devotionals and prayer. Looking back, God has provided me with thankfulness and joy through daily devotions. On some days, when my body was exhausted, daily devotion became a mere formality. On other days, I was not able to receive God's presence immediately.

Whenever I sensed myself becoming lax about having daily devotions, I would say to myself, 'It is God who receives my worship. Even when I do not feel His grace, I have to believe He has received my worship.' And I continued to give daily devotions.

Our God is so faithful, and He has never ceased to fill my life with His abundant grace and love. Ever since a few years ago, I began to eagerly anticipate having daily devotions. I have noticed that my perspectives on the Scriptures have broadened, and His grace for me has deepened as I read the Bible every day. I am immersed in thankfulness and awe as I reveal hidden secrets from the Scriptures.

오늘은 어떤 말씀으로 저를 훈계하시고 깨닫게 하실지 매일 궁금한 마음과 설레는 마음이 있습니다. 말씀 속에서 만나는 성령님의 인도하심은 '보배' 그 자체입니다.

매일 말씀을 읽고 기도하며 살면서 하루를 잘 사는 것이 중요하다는 것을 깨달았습니다.

그날 하루를 잘 살면 또 내일 하루가 오고 내일의 그 하루를 말씀과 기도로 살면 그 다음 하루가 있었습니다. 이렇게 말씀과 기도로 하루하루를 사는 것이 바로 잘 사는 것이었습니다. 하루가 모여 십 년이 되고 이십 년이 되고 삼십 년이 지나고 나니 하루하루 읽고 묵상한 말씀 속에 삶의 길이 있었습니다.

주님이 주신 성경 말씀 한 글자, 한 글자 속에 삶의 기준이 있고 우리가 복 받을 수 있는 길이 명확하게 나타나 있습니다.

I am anxious and thrilled about having daily devotions, and about how He will teach me and enlighten me. The guidance I gained from the Holy Spirit, through daily journeys in the Scriptures, was more precious for me than any treasure.

After years of having private time for daily prayer and devotions, I realized that every day counts in our lives.

After today goes, then tomorrow comes. And after living tomorrow with prayers and meditating on the Scriptures, then another day follows. Living one day at a time with prayer, and meditating on the Scriptures, was the key to making every day count. Days accumulated to become years, and years accumulated to become ten, then twenty, then thirty years. After thirty years, I was awakened to see that the way of life lies in prayer and the Scriptures.

Every word in the Bible reveals how we should live on this earth. The Scriptures specify how to live a blessed life.

우리가 살다 보면 하나님께서 우리를 지켜보고 계신다는 것을 잊어버리기 쉽습니다. 하지만 성경 말씀을 주의 깊게 보고 있으면 하나님이 우리를 얼마나 자세히 보고 계시는지 알 수 있습니다.

저도 알지 못했던 제 안의 생각과 마음까지도 하나님은 다 보고 계셨습니다. 선한 마음으로 사는 것을 세상 사람들은 알아주지 못해도 하나님은 알고 계시고 주목하여 보시다가 그 사람에게 가장 필요한 때 합당한 상을 주시는 것을 알았습니다. 또한 사람들 모르게 악을 행하며 사는 이들도 하나님께서 주목하고 계신다는 것을 깨닫게 하셨습니다.

우리가 사는 삶에서 무엇이 더 중요한지 어떻게 사는 것이 더 가치 있는 삶인지 알게 하셨습니다. 자녀 교육에 있어서 무엇이 가장 중요한 것인지, 자녀들에게 무엇을 가르쳐야 하는지, 부부관계 가족관계에서 오는 고통을 어떻게 해결해 나가야 하는지, 우리들이 사랑하며 사는 것이 왜 마땅한지 하나님의 말씀 속에 답이 모두 있었습니다. 말씀이 곧 지혜인 것을 더 깊이 깨닫게 되었습니다.

It is easy to be swayed by worldly values and forget that God keeps a close on eye on us. However, when we read the Bible thoroughly, we can see how much God cannot take His eyes off us.

He saw through me; He even saw the smallest thoughts and ideas I had within me that I did not even realize myself. He opened my eyes to see how He rewards those who live a good life, those whom worldly people do not care to recognize. God always keeps an eye on the righteous and rewards them in the most appropriate way. He also keeps an eye on those who live an evil life, who commit wrongdoings in secret.

He opened my eyes to understand what is truly important and valuable in life. The Bible had answers to every question in life – what is relevant for raising my children, what to teach them, how we should tackle adversities in family relationships, and why we should live a life of love. I came to understand that the Scripture itself is the wisdom of God.

성경은 내 자식이 잘 되고 잘 살기를 바라는 부모의 마음 같은 하나
님의 아름다운 사랑이 담겨 있는 러브레터인 것입니다.

The Bible is a love letter – written with the beautiful love of God, a parental love, wishing His children the very best.

# 19. 마음의 고난과 함께한 사순절

미국에서 돌아온 지 얼마 되지 않았을 때 아무도 만나지 말고 사십일 간 특별 작정기도를 하라는 마음을 주셔서 순종하는 마음으로 특별 기도를 시작했습니다. 제 체력이 부족해서 '아무도 만나지 말라'고 하셨다고 생각했는데 하나님의 특별한 사역을 위해 그러신 것을 기도하면서 알게 되었습니다.

기도 기간 중에 교회 개척을 해주기를 요청하는 분들의 연락이 여러 곳에서 왔습니다. 그중에는 이십여 년간 신앙생활하며 교제해온 분들도 있었습니다. 그러나 주님은 묵묵히 기도에만 집중하게 하셨고 사십 일 기도를 마치고 나니 고통 받고 있는 영혼을 세심하게 돌보는 사역, 하나님의 백성의 눈물을 닦아주는 사역, 뿔뿔이 흩어진 길 잃은 외로운 양과 같은 디아스포라 성도를 세워주는 이 사역을 계속해야 됨을 분명히 알게 하셨습니다.

# 19. Forty days of hardships (during Lent)

A couple of months after Song and I had returned from the US, God had commanded me specifically that Song and I should not meet anyone personally, but concentrate fully on prayer for the coming forty days. I had assumed that His instruction was due to my physical weakness, so I could just concentrate more on prayer. However, I came to realize that it was due to His special mission.

During the forty-day period, Song and I received requests from different parties to start a church with them. Some of the requests were from long-time friends in Christ. But because God had instructed us not to meet anyone personally, all we could do was to pray in solitude. After the forty-day special prayer was over, it became even clearer that Song and I should continue our then-current ministry – to provide tender care to those in pain, to look after God's people who are shedding tears, and to nurture those who are like the lost sheep of God.

특별기도를 마치고 난 다음 날은 사순절이 시작하는 날이었습니다. '참, 절묘한 타이밍이구나!' 생각하며 이번 사순절 기간에는 주님과 동행하는 묵상의 시간을 많이 가져야겠다고 생각했습니다. 기도를 마친 후에도 다른 몇 군데에서 교회를 개척해 달라는 요청이 들어왔습니다.

어떤 분은 출석하던 교회에서 어떤 문제로 상처를 받아 교회를 잠시 떠나 있다가 저희를 찾아와 교회를 개척해 주기를 요청하셨습니다. 교회를 개척하라는 하나님의 응답이 없었기에 성도님들을 권면하고 개척 요청을 몇 차례 거절하고 나니 죄송하고 슬픈 마음에 눈물이 흘렀습니다.

상처받은 분들을 품어주고 그분들의 상처를 사랑으로 보듬어 드리고 싶은데, 주님께서 "아니다."라고 하시니 말씀에 순종하면서도 눈물이 흘렀습니다. 총리가 된 요셉이 십삼 년 만에 베냐민을 만났을 때 정에 못 이겨 울 곳을 찾아 들어갔듯이 저와 남편은 각자 서재로, 안방으로 들어가 귀한 성도님들의 요청을 거절해야 하는 고통스러운 마음을 안고 눈물로 기도했습니다.

The first day of Lent was the day directly after the forty-day special prayer was over. I thought, 'What a coincidence!' I decided that I should focus more on meditating on God's guidance during Lent. Song and I received a couple more requests to start a church during Lent.

Some requests came from people who were disheartened by their previous church communities. They were in a break from going to churches and requested that we start a church. God did not have an answer for us in starting a church. All Song and I could do was to give them comfort and pray for them. We had to reject their requests with saddened hearts and tears.

I wished I could embrace their wounds and give them love. But God said, 'No'. I obeyed God with a tearful heart. I could feel how Joseph must have felt when he encountered Benjamin after thirteen years of being apart. His heart was full of brotherly love and tears. As he could not show it to him, he found a private room to let it all out. Song and I entered separate rooms to pray, in tears, like Joseph. Having to reject requests from long-time friends and fellow Christians broke my heart.

그 동안 저희를 위해 기도하며 기다렸다고 말씀하시며 아쉬워하시던 분들도 있었습니다. 그분들의 요청을 받아드리지 못해서 미안하고 또 죄송했습니다. 슬픈 마음을 기도하며 풀었지만 저는 너무 속상한 마음에 화가 나고 말았습니다.

"주님! 왜 일반교회 개척은 하면 안 되는 거예요? 그분들을 도와드리고 싶은데 왜 안 되는 건가요? 주님, 사랑하는 이들과 함께 주님의 몸을 이루고 싶은데 왜 안 돼요, 왜요? 저들과 함께 교회를 이룬다고 해서 길 잃은 디아스포라 성도를 돕는 사역을 못하는 것도 아니잖아요. 이곳 저곳에서 상처받은 분들의 눈물도 닦아줄 수 있잖아요."

주님께 항의하듯 울부짖으며 기도했습니다. 슬픈 감정을 못 이겨 울고 있었지만, 제 마음은 이미 주님 뜻을 따르고 있었습니다.

They told us that they had been waiting for us in prayer for years. Rejecting their requests saddened our hearts. Song and I continued to pray and relieve our saddened hearts. In an honest prayer to God, I realized I was becoming angry toward God.

"Lord! Why is it that Song and I should not start a church? We want to help our friends in Christ. Why do you keep saying no? I want to form a body of Christ and start a church with the ones I love. Why is it not okay? It's not like we cannot continue doing our current ministry. If Song and I started a church, we could help even more people."

I was praying and crying. I was crying out of sadness, but I knew I was obeying God's will in my heart.

몇 년 전 미국에서 지내던 시절, 두 곳의 교회에서 부교역자 사역을 해달라는 요청이 있었습니다. 요청을 받고 기도했을 때 주님은 개척하라는 응답을 주셨습니다. 남편과 저는 그 응답에 순종하기 위해서 아무것도 갖춰지지 않았지만 개척 예배를 드리고 교회를 시작했습니다. 그때 하나님께서 응답하신 개척이 일반교회 형식의 개척이라고 생각했습니다. 그러나 일 년여의 시간이 지나면서 하나님께서 저와 남편에게 주신 사역은 길 잃은 양을 말씀과 기도로 세워서 출석하고 있는 교회에 다시 정착할 수 있도록 돕는 사역이라는 것을 알게 되었습니다. 전에 들어보지 못한 독특한 모양의 사역이어서 교회 개척이라는 개념이 마음에 와 닿지는 않았지만 주님께서 계획하신 일이라면 저희는 기쁘게 순종해야 함을 알고 있었습니다.

주님께서 또 다른 응답을 주실 때까지는 이 사역이 우리에게 맡기신 소중한 사역임을 마음에 깊이 담고 있습니다.

사순절 기간이 반쯤 지났을 때 주님은 묵상 중에 제게 찬양을 주셨습니다.

A few years ago, when Song and I were staying in the US, we received requests from two different churches to serve as associate pastors. Song and I prayed about whether we should accept the requests. But God had answered, directing us to start a church on our own. In order to obey God's calling, Song and I started a church at our home. Back then, we presumed 'starting a church' meant starting an ordinary church, like the ones we go to on Sundays. About a year after, Song and I came to realize that God wanted us to serve with a new form of ministry, a ministry to help those in need of special pastoral care. God wanted Song and I to help Christians who were like the lost sheep of God. He wanted us to support them with prayer and the Scriptures, so that they may gain spiritual strength to return to their home churches. This form of ministry was new to both of us, and we were not sure if it could be interpreted as 'a church'. What we were sure of was that God planned this ministry for us, and we are to gladly obey God's call.

Until God calls us to another plan, Song and I knew for sure that this purposeful ministry is what He has put us in charge of.

Almost halfway through Lent, God opened my eyes to the hymn.

'예수 십자가에 흘린 피로써

그대는 씻기어 있는가,

더러운 죄 희게 하는 능력을

그대는 참 의지하는가,

예수의 보혈로

그대는 씻기어 있는가,

마음속의 여러 가지 죄악이

깨끗이 씻기어 있는가'

서너 번은 가벼운 마음으로 찬양을 흥얼거렸습니다. 하지만 그 후에
도 묵상기도 때마다 이 찬양을 주셔서 '왜 그러시나?' 하는 생각이 들
었습니다. 찬송가에서 찾아서 '예수 십자가에 흘린 피로써'를 찬양하
며 '주님 무슨 이유가 있으십니까, 무엇을 말씀하시고자 하십니까?'
하며 이 찬송을 주신 주님의 뜻을 계속 여쭤보았습니다.

바로 주시는 응답은 없었지만 예수님의 구속사건이 떠오르면서 속죄
해 주신 하나님께 감사하는 마음이 스치며 지나갔습니다. 바로 그때
'참 의지하는가?'에 제 눈과 마음이 멈추었습니다.

*'Have you been to Jesus for the cleansing power?*

*Are you washed in the blood of the Lamb?*

*Are you fully trusting in His grace this hour?*

*Are you washed in the blood of the Lamb?*

*Are you washed in the blood,*

*In the soul cleansing blood of the Lamb?*

*Are your garments spotless? Are they white as snow?*

*Are you washed in the blood of the Lamb?'*

I hummed the hymn a couple of times, with a light heart at first. But the hymn lingered in my heart, and God reminded me of this hymn every time I sat down for daily prayer. I questioned, "Does He have a message for me?" I looked it up in the hymn book and sang it with the lyrics. I asked God, 'Lord, do you have a specific message for me? I want to know your message for me.' I kept asking God in prayer.

Though He did not give me a direct answer, He reminded me of Jesus being on the Cross and gave me a thankful heart for the Atonement. At that moment, my eyes stopped at the verse, 'Are you fully trusting?'

'그래 참 의지하는가, 참 의지하는가, 예수님의 십자가에 의지해야 하는데⋯ 내가 모든 것을 참 의지하는가? 내가 정말 예수님 앞에 다 의지하고 있는가?'

'아니구나!'

예수님께 의지한다고 하면서도 저의 생각에 파묻혀 스스로를 가둘 때가 많은 저를 보게 되었습니다.

주님을 부분적으로 의지하는 저의 단편적인 믿음에서 벗어나 예수님 앞에 모든 것을 맡기는 믿음으로 서기를 원한다고 주님의 도움을 구하며 기도했습니다.

성경에 있는 믿음의 말씀들을 묵상하며 기도했습니다.

오랜 시간 신앙생활을 했음에도 부족한 제 모습을 보며 더 큰 믿음을 구했습니다. 이런 기도와 묵상 가운데 이삼 일쯤 지났습니다.

'Am I fully trusting in God? Fully trusting… Right, I need to fully trust in Jesus. Am I trusting in Him fully? Am I truly trusting in Jesus fully?'

'I'm not.'

I looked back on myself, on how I was overwhelmed with my own thoughts. And I was still saying that I trusted Jesus. I was trapping myself with my thoughts.

I prayed, asking for God's help so that I can break free from my partial faith, confiding partially in Jesus. I prayed, wanting to have a faith that fully trusts in Jesus.

I prayed while reflecting on Scriptures of faith from the Bible.

Even though I had been a born-again Christian for a long time, I was lacking faith. I asked God to increase my faith. I continued praying about this for a few days.

기도 중에 조용히 찾아오신 주님의 손길은 제 안에 참고 있는 분노와 주님께 다 맡기지 못하는 두려움과 가슴속 깊이 감춰진 제 자신에 대한 정죄함을 깨닫게 하셨습니다.

이러한 부정적인 감정을 처리하기 위한 기도를 며칠간 계속했습니다. 하지만 그 감정의 원인이 구체적으로 무엇인지 알 수 없었습니다. 그 동안 기도와 예배를 통해 다 정리했다고 생각했습니다.

다시 찬양을 시작했습니다. 예수 십자가에 흘린 피로 제가 다 씻기어 있는지를 찬양하며 주님 앞에 숨겨진 제 마음, 생각, 두려움을 하나씩 내려놓게 해달라고 기도했습니다.

때가 되면 성령님께서 알려주실 것을 알기 때문에 계속 기도했습니다. 저도 알 수 없는 제 마음과 생각을 깨닫게 해달라고 기도했습니다.

주님께서는 팔십 일의 긴 기도 시간을 보내며
제 자신을 더욱 자세히 돌아보게 하셨습니다.
제 자신이 예수님 앞에 더욱 가까이 서 있게 하셨습니다.

When I prayed, God found me and revealed negative feelings from within myself - suppressed anger, fears that keep me from fully confiding in God, and reprobation on myself.

I spent another several days in prayer to get rid of negative feelings. Yet, I was not able to understand what those feelings were, specifically. I thought I had taken care of all the negative emotions that were inside of me through past prayer and devotions.

I started singing the hymn again. I praised God and reflected on myself, whether I was fully washed in the blood of the Lamb. I prayed that I may lay down all of my negative feelings, thoughts, and fears before God one by one.

I continued praying. I knew that the Holy Spirit would guide me in His time, so I continued my prayer. I prayed so I could understand my own feelings and thoughts that I was unaware of.

Spending eighty days in prayer,
God led me to reflect on myself more deeply.
God had led me to stand even closer to Jesus.

특별기도와 사순절 기도 기간이 지나고 계속된 매일의 기도와 묵상 속에서 주님은 알게 하셨습니다.

어릴 때 받은 충격과 외로움의 눈물이 아직도 아픔으로 남아 있었습니다. 그리고 시집살이의 고통과 사역하며 견뎌야 했던 어려움이 제 살갗에 작은 화살촉이 박힌 것처럼 무수한 상처로 남아 있었습니다.

이 아픔을 주님께 기도로 말씀드렸습니다. 제 마음의 상처와 힘들게 견뎌야 했던 시간을 기도 중에 고백했습니다.

그렇게 고백하는 동안 제 어깨는 들썩거리고 있었고 눈물은 강같이 흐르고 있었습니다.

어느 사이인지 성령님은 기도 중에 임재하셔서 제 아픔을 다 씻어주셨습니다.

예수님의 십자가 보혈이 살갗에 꽂힌 것 같은 수많은 상처의 촉들을 깨끗이 뽑으셨습니다.

I continued my daily prayer and devotions after eighty days of special prayer and Lent. God gave me answers to my prayers.

Emotional shock from childhood, and tears of loneliness remained in my heart as pains. Wounds from living with a suppressive mother-in-law remained in my heart as agony. Hardships I had endured during the evangelical activities and ministry remained in my heart, like glass splinters.

I confessed my pains to God in prayer. I confessed about the wounds of my heart and the days that I lived in pain.

Tears fell as I confessed my pains before God. My shoulders were shaking.

I was praying and crying. Although I could not realize it, the Holy Spirit had come upon me and washed away my pains completely.

The Blood of Jesus and His Cross washed away every glass splinter that remained in my heart.

몸과 마음이 날아갈 듯 가벼워지는 놀라운 은혜였습니다.

우리들의 죄를 용서하실 뿐만 아니라 마음의 상처도 치료하시는 예수님의 십자가의 사랑을 덧입는 귀한 시간이었습니다.

이제 하루하루 주님과 동행하는 시간 속에서 숨겨진 분노와 다 맡기지 못한 두려움과 미처 깨닫지 못한 정죄함을 알게 하실 때마다 기도로 내려놓으며 예수님의 능력을 더 깊이 의지하는 법을 익혀가고 있습니다.

It was an amazing grace. It made my body and soul light as a feather. I felt as if I could fly away.

Jesus took away my sins, and my pains as well. He clothed me with His love from the Cross.

Now, I kneel in prayer and give myself to fully trusting in Jesus and His grace. I do this whenever I realize negative feelings are within me; be it hidden anger, fears that keep me from fully trusting God, or reprobation on myself.

# 20. 멋진 믿음

일 년 동안 성경을 일독하는 말씀읽기 표에 따라 매일 성경을 읽으며 묵상하고 나누기 때문에 해마다 욥기를 읽게 됩니다. 저는 욥기를 볼 때마다 '대단한 인물이구나!'라는 생각이 듭니다. 욥을 통해 행하신 하나님의 위대하신 역사가 신비롭게만 여겨졌습니다. 그러나 제 삶에 적용할 만한 큰 감동이나 마음에 와 닿는 감격은 별로 없었습니다. 아마도 욥의 믿음의 경지에 다가갈 수 없는 저의 모습 때문인 것 같습니다. 그런데 올해는 욥기를 읽는 과정에서 많은 은혜를 받았습니다.

말씀을 읽고 있는데 몸이 떨릴 만큼 큰 감동을 받으며 눈물을 흘렸습니다. 처절한 욥의 탄식과 계속되는 고통 속에서 하나님을 바라보는 욥의 눈물이 제 마음을 에는 아픔으로 느껴졌습니다.

# 20. Fabulous faith

Song and I follow a yearly Bible reading plan for daily devotions and Bible sharing; because the reading plan is repeated on a yearly basis, we read and reflect on the Book of Job around the same times each year. Every time I read the Book of Job, I come to dwell on his faithfulness. God's work through Job is so amazing; however, I felt that there was little to learn from Job. It was simply an amazing story. My faith was lacking and incomparable to Job's strong faith. However, this year was different. I received great mercy while I read through the Book of Job.

While reading the Bible, I was deeply moved, and I was trembling with tears in my eyes. I could feel Job's tears, who was in continuous pain and desperate moans. Yet his eyes were fixed on God's hands.

욥의 고난은 제가 겪는 고난과 비교도 할 수 없었습니다. 하지만 약한 체력으로 오랜 시간 동안 고통을 받으며 살아왔기에 고난 속에 있는 욥의 쓰라린 고백이 제게도 아픔으로 느껴졌습니다. 고난의 연속인 날에도 권징하시며 고통의 순간에도 단련하시는 하나님의 사랑을 알기에 하나님과 동행하며 사는 것이 감사하면서도 인간적인 솔직한 심정으로는 피할 수만 있다면 피하고 싶을 만큼 힘든 마음이 공감되었습니다.

계속되는 곤고한 시간이 언제 끝날 것인지도 모른 채 이유를 모르는 큰 고통을 가슴에 담고서 하나님만 바라보는 욥의 눈길을 보았습니다. 그 욥의 마음이 지금 제 마음과 같았습니다.

세상에서 버림 당하는 욥을 보았습니다. 사랑하는 사람들이 욥을 멀리하고 가장 가까운 친구들마저 욥을 대적하며 나이 어린 사람까지도 욥을 업신여깁니다. 또한 욥은 친구로부터 '네 죄악이 끝이 없다.'는 강한 비난을 받았습니다.

I can never compare the pains I've experienced to the pains that Job faced. Nevertheless, as I have been in a physically fragile condition, I could empathize with Job's bitterness in his confessions. I could understand his sufferings. I am thankful for God, who trains me in His loving guidance and who gives me discipline, even on the most painful days. Yet, at the same time, I honestly wished for the pains to pass – if possible.

Job did not know when or if his sufferings would come to an end, yet, his eyes were faithfully fixed on God. His heart was overburdened with pains he did not know why he had to bear. My heart was like Job's heart.

I saw Job being abandoned by the world. His loved ones avoided him, his close friends stood against him, and even the little boys scorned him. Job was also harshly criticized by his friend, 'Is not your wickedness great? Are not your sins endless?'

이웃과 친지를 비롯한 모든 이들로부터 배척당하고 정죄 받은 욥은 마음의 상처뿐만 아니라 결코 회복되지 않을 것 같은 질병으로도 고통 받습니다. 죽음 같은 절망만 남아 있어 보입니다.

삶의 이유가 뿌리째 뽑혀 버린 것 같고 자신 스스로도 무너질 수밖에 없는 현실 속에서도 욥은 하나님의 숨결이 자신의 코에 있다고 선언합니다.

욥의 위대한 믿음의 외침에 저는 몸이 굳은 듯 멈춰버렸습니다.

저는 작은 고난을 지나면서도 마음이 녹아 내릴 듯한 괴로움을 안고 '하나님께서 제 기도를 안 들으시는 것은 아닐까, 이 육체의 고통은 언제까지일까, 왜 하나님은 침묵하시는 것일까.' 하며 근심에 눌릴 때가 많았습니다.

욥은 더 극한 재난과 고난 속에서도 하나님께서 일하고 계심을 믿고 하나님께서 자신의 기도를 듣고 계신다는 믿음을 흔들림 없이 지켰습니다.

Job was excluded and criticized by his family and friends. He was hurt inside, and his body was suffering from a disease that seemed incurable. Only despair and death seemed to remain for him.

When his life was falling apart, and when it seemed easier to give up on everything, he declares the breath of God is in his nostrils, as long as he has life within him.

I was stunned at Job's faithful declaration.

When I was going through the hardships of life, my heart melted away with pain and fear. 'What if God does not listen to my prayers? When will this pain end? Why is God silent to me?' I was often overwhelmed with fear and anxiety.

Job was in severe pain and brutal hardships, but he held his trust in God. Job kept his faith that God was listening to his prayers, without a doubt.

그러나 욥도 죄성을 지닌 사람이어서 자신의 의로움을 주장하는 어리석음을 드러내지만, 욥의 믿음은 죽음과 같은 고통 속에서도 자신이 하나님의 자녀이고 자신의 몸이 하나님의 성전이라는 것을 지켜나가는 정금과도 같은 믿음이었습니다.

하나님 아버지께서는 욥이 혹독한 고난을 통과하기까지 묵묵히 지켜보셨습니다. 지켜보시다가 하나님의 때에 폭풍 가운데 그 위엄을 드러내시며 욥에게 말씀하십니다.

하나님에 대한 지식을 온전히 모르면서 인간의 지식에 의지하여 하나님의 세계를 측량하려 하는 어리석음에서 벗어나라고….

하나님의 형상으로 지음 받은 피조물로서 하나님의 주권을 인정하는 법을 가르치시는 아버지의 사랑을 봅니다.

욥의 무지와 교만을 깨닫게 하시는 아버지의 강한 채찍 속에 제 영혼은 애끓는 사랑의 파동을 느끼며 떨렸습니다.

Job also made a mistake, because he was a human with a sinful nature. Job foolishly claimed of his righteousness. Yet, his faith was pure as gold; he believed that he was a child of God, and his body, a temple of the Holy Spirit, amidst the deadly pains inside and outside.

God remains silent and keeps His eyes on Job as he struggles through the sufferings. In His time, He breaks the silence out of the storm and speaks to Job.

He speaks to us – to break free from foolishness that tries to measure God's work with human knowledge, not knowing God.

By reading the Book of Job, I see the great love of God teaching us to submit to His sovereignty; to submit to God as we are His creatures in His image.

My soul was shaking at God's heartbreaking love. God wanted Job to know of his ignorance and arrogance through the hardships and tests.

인간의 지식의 한계를 넘는 창조주의 신비로운 역사 앞에 순종해야 하는 인간의 도리를 가르쳐 주심으로 복을 받게 하려는 전능하신 아버지의 마음을 보았습니다.

욥의 부족한 부분을 교육하신 이후에 욥의 믿음의 단계를 멋지게 올려놓으시는 광대하신 아버지 사랑에 제 마음은 멈춰 서 있었습니다.

I knelt in front of God's great love (that desires to bless us). He is teaching us why we should obey Him by showing us His marvelous works beyond human knowledge.

My heart remained still before God's extensive love. After God had tested Job, he came forth as pure gold. God elevated Job's faith to a whole new level.

## 21. 시어머님께서 주고 가신 사랑

남편과 함께 미국으로 유학을 떠나기 얼마 전에 시어머님께서 가까운 시일 내에 소천하실 것을 주님께서 기도 중에 알려주셨습니다. 저는 남편에게 이 말을 전하고 남편과 함께 시어머님께 인사를 드렸습니다. 아흔여섯 살까지 건강하게 장수하셨지만 어머님을 천국으로 떠나 보내야 하는 마음은 한없이 아팠습니다. 저는 슬픈 마음을 참지 못하고 눈물로 어머님께 인사를 드리자 우리 어머님께서 하염없이 울고 있는 저를 안쓰럽게 쳐다보시며 "에미야, 무슨 일 있느냐?" 물으셨습니다.

저는 고개를 저으며 아무 말도 하지 못하고 울고만 있었습니다. 그러자 어머님께서 어린아이처럼 맑게 웃으시며 "우리 서로 사랑하자." 하시며 저와 남편의 손을 잡으셨습니다. 마치 어머님께서도 당신이 소천하실 것을 아시고 저에게 화해의 손길을 건네시는 것 같았습니다.

# 21. Love bequeathed from mother-in-law

A few weeks before Song and I were about to leave for the doctoral program in the US, God told me in my prayer that my mother-in-law's days were numbered. I shared this message with Song, and we visited my mother-in-law a couple of days later. Though God had allowed her a healthy life for the past ninety-six years, seeing her living these last days broke my heart. When Song and I visited her, I could not hold myself and burst into tears. She looked at me with loving eyes and asked me, "Dear, is everything all right?"

I shook my head, yet I couldn't speak a word and continued to cry. With a childlike smile on her face, my mother-in-law held my hand and Song's hand together and said, "Let's love one another." It seemed to me as if she was making peace with me, knowing that she will be called to heaven soon.

집으로 돌아온 남편은 제게 감동적인 이야기를 전해 주었습니다. 며칠 전 남편이 어머니를 뵈러 갔더니 어머니께서 남편 손을 꼭 잡으시며 "너는 복이 많은 사람이라서 하나님께서 가장 복 있는 여자를 네아내로 주셨다."라고 말씀하셨다는 것입니다. 그 이야기를 듣고 저는 매우 놀랍고 감사했습니다. 어머님께서 저를 힘들게 하셨던 지난날들의 고통이 눈 녹듯이 사라졌습니다. 며칠 동안 하나님께 감사기도를 드렸습니다.

남편은 어머님이 소천하시기 전에 어머님께서 제게 하신 실수들을 회개하고 가실 수 있게 해달라고 몇 년을 기도해 왔다고 했습니다. 남편의 기도에 하나님께서 응답해 주신 것이었습니다.

미국에 정착하고 얼마 되지 않아서 시어머님의 소천 소식을 들었습니다. 장례를 치르러 한국에 가기 위해 여행 가방을 부랴부랴 준비했습니다. 그리고 남편은 비행기 표를 사려고 컴퓨터 앞에 앉아 있고, 저는 기도시간이 되어서 기도하고 있었습니다. 그런데 기도 중에 주님께서 저는 가지 말라고 하셨습니다. 제가 한국에 들어가면 제 체력이 더 약해져서 다시 미국으로 돌아올 수 없다고 하셨습니다.

After Song and I came home, Song told me what had happened a few days earlier. When he stopped by his mother's house, his mother held Song's hand tightly and told him, "You are a blessed man; God has given you the most blessed woman as your wife." I was surprised to hear it, and I was thankful at the same time. The pains of the past, when she had put me through suffering, melted away like spring snow. I praised God for days, with a thankful heart in my prayers.

Song also told me that he had been praying for years that his mother would repent of what she did to me, before she goes to heaven. God had listened to his prayers and answered them.

A few months after Song and I settled in the US, we received the sad news that my mother-in-law had been called to heaven. Song and I started packing in a hurry. Song sat at a computer to purchase flight tickets for Korea. I went into another room for prayer. During my prayer, God told me that He did not want me to go to Korea. God had told me, specifically, that my physical condition was too weak to handle a long journey. He also told me that I would not be able to come back to the US in such physical condition.

너무 당황스러워서 남편에게 어떻게 해야 할지 상의했습니다. 남편은 하나님의 뜻에 따르는 것이 좋겠다며 집에 있으라고 했습니다. 저는 주님께서 하신 말씀이 이해되지 않았습니다. 한국에 반드시 다녀와야만 할 것 같았습니다.

그래서 주님께 여쭤보았습니다. "주님, 무슨 일이 있으십니까?" 그러자 주님께서는 "네게 맡겨 준 가정들을 위해 축복기도해라. 한국에 다녀오고 나면 사역을 계속할 수 없다."라고 말씀하셨습니다. 선뜻 받아들이기 어려웠지만 하나님께 순종하기로 결정했습니다.

미국에 남은 저는 어머님을 위해 간절히 기도했습니다. 나중에 알게 됐지만 그때까지만 해도 저는 제 체력이 부족한 것을 인정하지 않고 제 체력이 감당할 수 없을 만큼 사역에 몰두하고 있었습니다. 최근에 이러한 제 모습이 저의 큰 약점인 것을 알게 되었습니다. 그때 주님께서 주신 응답이 저의 이런 기질을 말씀하신 것임을 시간이 흐른 뒤에 알게 되었습니다.

I was perplexed, so I discussed this with Song. Song advised me that it would be better to obey God and stay home. I could not understand why God had told me to stay. I was certain that I had to go.

So, I asked God, "Lord, what should I do?" Then the Lord replied, "Pray for the families I have entrusted you with. You will not be able to continue the ministry I have given you if you make a trip to Korea now." I could not understand why God advised me not to go to Korea, but I decided to obey Him.

I stayed home in the US and ardently prayed for my mother-in-law. It took me several years to understand why God had instructed me to stay. Back then, I did not acknowledge how weak I was physically, and I excessively immersed myself into ministry. Only recently did I come to realize that it was one of my 'weaknesses' - not taking care of myself and getting immersed within ministry.

어머님, 고맙습니다.

당신이 가시기 전에 제게 잊지 못할 사랑을 주시고 가셔서 감사합니다.

당신의 사랑을 제 가슴에 새기고 우리 자녀들에게 전해 주겠습니다.

어머님,

당신이 계셔서 저는 세상의 눈물을 알았고 고난을 이겨내는 힘을 얻었습니다.

눈물을 안고 살았기에 가슴 아픈 이들을 보듬을 줄 아는 사람이 되었습니다. 하나님께서 어머님 당신을 통하여 저를 훈련시키시고 하나님께서 사랑하시는 이들의 눈물을 닦아주는 목사로 서게 하셨습니다.

그리고 저는 어머님으로 인해 하나님 아버지께 많은 사랑을 받았습니다.

어머님께 드린 헌신과 수고를 하나님께서 다 보고 계셨습니다.

Thank you, mother.

Thank you for the unforgettable love you have given me before you were called to heaven. I will cherish your love and share it with my children.

Mother,

I have become stronger, so I can bear life's pains, because of you. You have helped me understand people's tears.

As I had to live with tears in my heart from the pains, I grew to embrace others who were in tears and pains. God has trained me, through you, to become a pastor who can cry with God's loved ones that are suffering.

And I was loved greatly by God, because of you.

God was watching my hard work and life's sacrifices.

제가 어머님께 드린 희생의 노력보다 더 크고 좋은 것으로, 꼭 필요할 때에 하나님께서 상으로 돌려주고 계신 것을 살면서 알게 되었습니다.

주님께서 말씀하신 대로 부모님을 공경하는 자에게 인생이 잘 되는 복을 누리게 하시고 장수를 누리게 하시는 축복의 말씀을 어머님을 모심으로 인해 더욱 깊이 알게 되었습니다.

어머님, 고맙습니다. 어머니, 사랑합니다.

God has rewarded me with many blessings and good deeds, exactly when I needed them in my life. The rewards were incomparably bigger and better than what I had done to serve you.

God tells us in the Bible that He blesses those who honor their parents; and I learned this lesson by serving you, mother.

Mother, thank you. Mother, I love you.

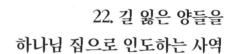

# 22. 길 잃은 양들을
# 하나님 집으로 인도하는 사역

한이 없으신 아버지의 사랑을 받은 저와 남편은 하나님의 양 우리를 관리하는 사역을 합니다. 저희들이 하나님께 부르심 받은 사역은 길 잃은 양들을 하나님 집으로 인도하는 사역입니다.

예수님을 모르는 분을 만나면 복음을 전하고 믿음의 씨앗을 심어서 예수님을 영접한 후 원하는 교회에 다니도록 도와드립니다. 교회에 다니지만 성도 사이에 일어날 수 있는 문제로 갈등하는 분을 만나면 그분의 아픈 마음을 다독이고 말씀과 믿음으로 다시 서도록 도와드립니다. 부부 간, 자녀 간, 친척 간, 시부모님과의 사이에서 오는 관계의 고통을 겪는 분을 만나면 그들의 이야기를 들어주고 위로하며 문제를 극복할 수 있도록 도와드립니다. 교회 안에서 사역자와의 갈등으로 교회를 잠시 떠난 분들을 만나면 하나님과의 관계를 회복하여 교회에 돌아가도록 도와드립니다.

# 22. Ministry of herding lost sheep to the house of God

Both Song and I claim, with thankful hearts, that we have been blessed with God's abundant love. Indebted to His love, we serve Him through a ministry of guarding His sheep fence. We guide God's lost sheep to return to His flock.

When we meet a non-believer, we share the gospel with them and help this seed of gospel sprout in their heart. We also help them find a new church community, so they can grow their faith. When we meet a believer, who is frustrated by relationship problems amongst fellow Christians, we give them comfort and help them regain spiritual strength through prayer and sharing the Scriptures. When we meet someone with familial relationship problems, we listen to their story with consolation and help them overcome issues by providing Christian counseling care. When we meet someone who has been away from their home church, due to conflicts with church leaders, we help them restore their relationship with God first so they can return to their home church.

생활에서 일어나는 염려로 인해 낙심에 빠진 분을 만나면 함께 기도하고 말씀 가운데 성령의 사람으로 서도록 도와드립니다. 개인적 형편으로 인해 교회에 나가지 못하는 국내, 국외에 거주하시는 성도님께 하나님과의 관계 회복이 이루어지도록 영어 및 한국어로 설교를 보내드리는 사역을 합니다. 이 사역을 하면서 고난으로 인해 하나님 앞에 더 굳건하게 서가는 성도님들을 보며 우리는 함께 기뻐합니다.

성적이 오르지 않아서 좌절하거나 부모님과의 관계 속에서 힘들어하는 청소년들을 격려해주면서 함께 기도할 때 성령님이 그들을 굳건한 믿음의 청년들로 변화시켜 주시는 기쁨을 누리기도 합니다.

여러 가지 이유로 인해 하나님과의 관계가 멀어져 가는 이들이나 교회 공동체에서 잠시 나온 분들을 말씀과 기도로 세워서 다시 하나님의 집으로 돌아가도록 도와주고 나면 저희는 또 다시 둘만 남게 됩니다. 남편과 둘이서 예배드리며 기도하고 나면 외로워질 때가 많이 있습니다. 그때마다 찬양하고 기도하며 이겨내지만 가끔씩은 못 견디게 힘이 들 때가 있습니다.

When we meet someone, who has been frustrated by daily life issues, we pray with them and help them to be guided by the Holy Spirit in everyday life. To those who cannot attend church regularly due to personal circumstances, we send sermons via e-mail in English and in Korean. We take great joy in seeing fellow Christians reaffirming their faith, despite hardships and difficulties.

We also encourage Christian youth, who are either dismayed by unsatisfactory academic results or having child-parent relationship problems. We have witnessed many youth turning into firm believers with the help of the Holy Spirit.

After consoling, encouraging, and praying with the people for their spiritual needs, and helping them return to their home churches, only two of us are left. Sometimes I feel lonely only having the two of us for worship and devotion. Even though I try hard to overcome the loneliness by giving praise to God in my prayer, sometimes the loneliness is unbearably painful.

그럴 때 한줄기의 눈물과 기도를 쏟아내고 나면 주님께서는 다시 힘을 주십니다. 저희가 이 사역을 할 만큼 온전히 준비된 사람들이 아니기에 주님께서는 오랜 시간 동안 저희를 훈련시키셨습니다.

외로움을 견디는 훈련, 주님만 바라보는 훈련, 잠깐인 이 세상과 대비되는 영원한 삶을 볼 줄 아는 훈련, 천국의 상을 바라보는 훈련, 사람을 사랑하는 훈련, 아픔을 기도로 이겨내는 훈련이었습니다.

고독이 밀려올 때 하나님 앞으로 나아가면 기쁨으로 회복되는 것을 알 수 있도록 끊임없이 훈련을 시키시며 이 사역을 감당하게 하셨습니다. 지금도 가끔 외로움의 고통이 찾아옵니다. 그럴 때면 잃은 양을 찾고 기뻐하시는 예수님의 모습을 보며 힘을 얻습니다.

하나님은 상을 주는 분이심을 바라보라고 말씀하신 것도 생각하며 힘을 얻습니다.

이 땅의 삶이 전부가 아니라는 생각을 통해서도 힘을 얻습니다.

After pouring out my tears of loneliness in my prayer, God strengthens me again. Looking back, God has trained Song and me for a long time, for this specific ministry.

God has trained us to overcome loneliness by focusing solely on Him, by anticipating eternal life in contrast to worldly life, by looking forward to the rewards in heaven, by loving people, and by overcoming pain in our prayers.

God has continuously trained us so we can continue working on this ministry. He has taught us that He restores the joy within us when we submit ourselves to God, despite loneliness. When I face loneliness, I look up to Jesus; the One who welcomes lost sheep back to His flock with a big smile.

I remind myself that God rewards those who work arduously for Him.

I also remind myself that life on this earth is not all that I have.

영원한 삶의 천국에 들어갈 때 하나님께 영광의 면류관을 드리고 싶어서 저희는 다시 일어납니다.

이 사역을 할 수 있게 하신 주님께 감사드리며 주님이 주신 힘으로 이를 기쁘게 감당합니다.

In hopes of giving the crown of glory to God when Song and I enter eternal heaven, we gather strength to get back on our feet again.

We give thanks to God, who allowed us to serve this ministry. Empowered with strength given from God, we gladly continue the ministry for His Kingdom.

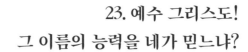

# 23. 예수 그리스도!
# 그 이름의 능력을 네가 믿느냐?

미국에서 지내며 수강한 박사과정의 마지막 학기에는 책 쓰는 작업
과 학교 공부를 병행해야 했습니다. 몸에 무리가 가는 것을 몇 번 느
꼈지만 학교 수업과 책 쓰는 작업 중 어느 것도 소홀히 할 수 없었습
니다. 드디어 학기를 마치자 눈의 실핏줄이 터졌고 허리를 움직일 수
없을 만큼 몸이 아팠습니다. 며칠 동안 휴식하고 영양을 보충하며 누
워서 기도했습니다. 삼 일 정도 지난 후 겨우 몸을 움직일 수는 있었
으나 몸 전체의 통증이 너무 심해서 기도하며 조금씩 걷기 시작했습
니다. 그렇게 기도로 치유 받아서 통증이 어느 정도 완화되었지만 삼
십 분 이상 차를 타고 이동하는 것이 몸에 무리가 될 정도로 체력이
많이 소진된 상태였습니다.

일상생활을 유지하는 것이 쉽지 않아서 늘 기도하면서 체력이 허락
하는 만큼만 몸을 움직였고, 그 외의 시간에는 충분히 휴식을 취했습
니다. 방학 동안 휴식을 취하면서도 힘이 날 때마다 책을 썼습니다.

# 23. Do you believe in the name of Jesus Christ?

During the final semester of my doctoral program, I had to manage my time between writing this book and completing coursework. I sensed a couple of times that handling both tasks at once was too much for my body; yet, I could not put off either the book or the school work. After the final semester was over, I was exhausted. Vessels in my eyes broke, and I could barely move myself because of severe body pains. I took a full rest, and I prayed for recovery in bed. I recovered to some degree after three days had passed, but I still had pain all over my body. I could slowly move around the house. I continued praying for recovery. After a few more days, the body pains lessened to bearable level. However, I was not fully recovered yet. Even a thirty-minute car ride was too much to handle, and it would exhaust my body again.

I was easily tired; hence, I was not able to carry out everyday tasks. I continuously prayed for God to give me strength. I focused more on taking a rest. I kept on praying. The classes were over, and I worked on this book whenever I was recovered to some extent.

몸이 채 회복되기도 전에 논문 학기가 시작되었습니다. 아무리 생각해도 책을 쓰는 작업과 논문 학기를 병행하는 것은 불가능해 보였습니다.

박사과정을 휴학하고 한국으로 돌아가고 싶다고 기도했습니다. 하지만 주님께서는 아무 말씀이 없으셨습니다.

다시 허리에 심한 통증이 있기 시작했고 저는 한국으로 돌아가고 싶다고 하나님께 간절히 기도드렸습니다. 칠 개월쯤 지났을 때 "Return to Korea(한국으로 돌아가라)."라는 주님의 응답을 받았습니다.

기도 응답을 받자마자 저와 남편은 곧바로 짐을 정리한 후에 삼 년 반의 미국 생활을 마무리하고 한국으로 돌아왔습니다.

한국에 돌아오기까지 약 사 년여의 시간 동안 쉼 없이 달려왔습니다. 박사과정 공부와 책을 쓰는 작업, 한국으로 이사하는 그 날까지 쉴 새 없이 체력을 사용할 수밖에 없었습니다. 돌아와서도 허리의 통증과 전체적인 체력의 저하는 계속되었습니다.

Before long, the research (thesis) semester was about to start. I thought long and hard, but it seemed impossible to write this book and conduct research at the same time.

I asked God, in my prayer, if it was okay for me to take some time off from school and go back to Korea. But there was no answer.

Severe pain in my back struck me again. I prayed more arduously that I wanted to go back to Korea. About seven months had passed since I prayed, and God answered me, "Return to Korea."

Upon receiving God's answer, Song and I began packing our things. We did not hesitate a moment. We bid farewell to three and a half years of life in the US, and returned to Korea.

For the four years prior to coming back to Korea, I was constantly busy. I was either busy with the doctoral program, or writing this book, or packing and unpacking to move between the US and Korea. My body was constantly using its strength, to the level I could not handle. Even after I returned to Korea, severe pains remained in my body; and my body was not functioning at its best.

치유를 위한 기도를 통해 허리의 통증은 크게 완화되었지만 기본 체력이 고갈된 탓에 짧은 시간의 사역 후에도 제 몸은 쉽게 지쳤습니다.

병원에서 여러 가지 검사를 받고 자주 내원하며 치료를 받았습니다. 기초 체력이 급격히 저하되었기 때문에 몸을 특별히 조심해야 한다는 진단을 받았습니다. 독실하신 병원 원장님의 헌신적인 치료를 받고 여러 목사님, 권사님, 그리고 집사님께서 보내주신 건강식품을 섭취하며 저의 체력은 위험 수준에서 유의 수준으로 많이 회복되었습니다. 그리고 조금씩 체력을 회복하며 가까스로 일상생활을 할 수 있게 되었습니다.

신기하게도 제 체력이 조금 회복되고 나면 짧은 시일 안에 멘토링 사역이 필요한 분으로부터 연락이 옵니다. 그분들은 대부분 저를 오랜 시간 동안 알고 지내셨기 때문에 제가 체력이 약해서 자주 도움을 드리지 못하는 것을 알고 있습니다. 그렇기 때문에 대부분 많은 시간을 기다린 후에 연락을 주십니다. 기다리셨을 마음을 생각하면 그분들을 향한 안타까운 마음이 배가 됩니다. 그렇게 한 분, 두 분께 필요한 도움을 드리다 보니 체력이 다시 저하되었습니다.

Song and I continuously prayed to God to heal me. The back pains gradually decreased; yet, I still got tired easily over a short session of ministry.

I had multiple check-ups at a local clinic and saw a doctor regularly for medical treatment. I was told that I should be cautious about my health. The doctor, who is a good Christian friend to our family, provided medical care pro bono. Fellow pastors, and good friends in Christ, sent me various health supplements that would help me with recovery. I recovered gradually and could cope with daily activities.

Strangely enough, I received a request for mentoring a few days after I recovered from exhaustion. Most of the people who request for mentoring and Christian counseling have known me for a while. They understand that I am physically weak. So they wait a few days, or sometimes weeks, before reaching out to me. They are thoughtful and understanding of my circumstances; and they are willing to wait. When I think of their kindness and thoughtfulness, my love for them grows even deeper. After a few days of mentoring ministry, my health condition would worsen again.

몸을 돌보기 위해 하던 사역을 멈추고 체력 회복에 힘썼습니다. 때때로 병원에서 링거 주사를 맞으며 충분한 휴식을 취하기도 했습니다. 또 다시 체력이 조금 회복되면 도움이 필요한 분들과 연결이 됩니다. 잠시 제 체력을 생각하면 고민이 되다가도 도와드리고 싶은 마음이 앞서 사역을 합니다. 힘든 상황에 있는 분들의 이야기를 듣고 위로해 주고 기도와 말씀을 통해 믿음을 굳건히 세워 그분들을 다시 하나님의 집으로 인도하는 사역을 계속합니다. 보통 사역을 마치고 나면 지친 몸 곳곳에 통증이 있고 며칠 동안 누워서 회복해야 했습니다.

체력 회복에 집중하기 위해 멘토링 사역을 잠시 내려놓았습니다. 이 책을 쓰는 작업도 멘토링 사역과 병행하여 진행 중이었는데 몸에 힘이 있을 때에만 짧은 시간을 쪼개어 글을 쓰다 보니 너무 오랜 시간이 걸렸습니다.

Subsequently, I would put a halt on the mentoring ministry to focus on my health and recovery. Sometimes, I had to receive an IV treatment, along with taking a full rest. Whenever I am recovered to a certain level, someone else reaches out to me for help. I debate with myself whether I should rest more or help the ones in need. But my heart always goes out to the ones in need. I continue the ministry God has given me; to listen to the ones in pain, to give them comfort, to pray with them, and to share the Scriptures with them. I help them find their way back to our Father's house. After a few days of mentoring, my body becomes exhausted again; and the body aches return. And again, I must take another few days off for a full rest.

I took a long pause in the mentoring ministry, so I could focus more on recovering my health. I was also writing this book at the same time I was serving the mentoring ministry. The progress for completing this book was slower than I had thought, because I needed many breaks due to my condition.

몇 년 전부터 병원 원장님은 제 체력이 모두 회복되려면 최소한 삼 년은 쉬어야 한다고 진단했습니다. 하지만 주님께서 주신 사역을 차마 내려놓을 수 없었습니다. 다시 사역을 하다가 몸이 지쳐 아프게 될 때면 갈등되기 시작했습니다. '과연 이 나이까지 이렇게 사역해도 되는 것일까? 몸이 약한 사람이라는 수식어를 달고 사역하는 것이 하나님께 영광이 될 수 있을까?' 한편으로는 지쳐 있다는 몸의 신호를 무시하는 것은 아닌가 하는 마음에 두렵기도 했습니다.

제가 기도할 때 하나님께서는 사역과 체력 회복 사이에서 고민하는 저의 갈등을 해결해 주셨습니다. 그리고 "예수 그리스도! 그 이름의 능력을 네가 믿느냐?"고 저의 믿음을 도전하게 하셨습니다. 성경 말씀에 기록해 놓으신 대로 예수님의 보혈은 우리의 죄를 씻어주실 뿐만 아니라 육체의 질병과 약함도 치료하시는 것을 믿고 있는데…. 그 말씀에 의지하여 기도할 때마다 치료해 주셨는데….

"그 이름의 능력을 네가 믿느냐?"라고 물으시는 주님의 뜻이 과연 무엇인지 가만히 묵상했습니다.

My doctor had been telling me that I should take a full rest for at least three years. But I could not stop what God had told me to do, so I would continue working until my body became exhausted again. Then I would debate with myself, 'Am I getting too old and weak for this ministry? Can I still bring glory to God although I am physically weak and serving His ministry?' I was also afraid that I might be ignoring something important that my body was trying to signal to me.

I took this to God in prayer, and He gave me an answer. He challenged my faith by asking me, 'Do you believe in the power of the name of Jesus Christ?' The Bible tells us that the Blood of Jesus washes away, not only our sins, but our weaknesses and illnesses as well. I remembered that He has cured me every time I was ill. I remembered praying for my health based on the Scripture.

I reflected on the reason why God asked me, 'Do you believe in the power of the name?'

오랜 시간 동안 육체의 통증으로 힘들어하면서 예수 그리스도 이름의 능력을 믿는 저의 믿음의 깊이가 저도 모르게 점점 약해지고 있었음을 깨달았습니다.

그 뒤 저는 날마다 "네, 주님! 제가 믿습니다. 주님, 제가 믿습니다."라고 고백하며 믿음이 약해진 제 자신에게 말씀의 약속을 선포했습니다.

그리고 또 다시 맞이하는 사순절 기도 기간에는 먼저 예수 그리스도 이름의 능력을 묵상하며 감사의 기도를 드렸습니다. 저의 죄를 용서하시기 위해 그 무서운 십자가의 형을 받으신 예수님, 사람들의 조롱과 핍박 속에서 치욕의 십자가를 아무 저항 없이 맞이하신 예수님을 묵상했습니다.

저의 죗값을 치러주신 예수님으로 인해 저는 아버지의 자녀가 되었고 하나님의 자녀로서 특권을 누리며 사는 복 받은 사람이 되었습니다.

병을 고치시는 예수님의 능력에 감사드리며 그 능력이 저를 치유하심을 믿고 고백했습니다. 중풍병자의 죄를 사하시며 병을 치유하신 예수님의 능력이 지금도 저를 치료하십니다.

I realized that my faith was weakening, as I had been suffering from a long-time pain and fatigue. I was not aware that I was losing my faith, trusting in the power of the name of Jesus.

I started proclaiming to myself, "Yes, Lord! I believe in the name of Jesus Christ! I do!" I reminded myself of God's promise from the Bible.

Then came Lent season. The first thing I did was to reflect on the power of the name of Jesus Christ and to give thanks to God in my prayer. I reflected on Jesus and His crucifixion. Jesus had taken care of all my sins. I reflected on Jesus, who accepted the crucifixion despite the humiliation and condemnation.

Because Jesus was hung on the Cross, I became a child of God. Thanks to Jesus, I am privileged to live under God's blessings.

I thanked Jesus for His power that heals people. I confessed, in faith, that the same power will cure me. To this day, I believe that the power of Jesus heals me - the same power that has forgiven the sins of the paralyzed and cured their diseases.

예수님께서 말씀만 하셔도 제 하인이 낫겠다고 고백한 백부장의 믿음을 기억하며 저도 그 믿음을 갖겠다고 기도했습니다. 예수님의 능력으로 병에 시달리는 사람들을 치료하시는 하나님의 깊은 사랑을 묵상했습니다. 또한 우리들의 병든 마음까지도 치료하시는 예수님의 능력에 감사했습니다. 말씀 속에 있는 치유의 능력을 보며 감사했습니다. 그 동안 저의 상한 마음을 치유하신 예수님께 감사드리며 기도했습니다.

어느 사이 제 몸에는 예전과 다르게 빠른 회복이 일어나고 있었습니다. 이전에 경험하지 못했던 놀라운 속도로 회복되었습니다.

기쁜 마음으로 글 쓰는 작업을 조금 더 많이 했습니다. 하지만 며칠이 못 가서 저는 다시 체력이 소진되어 사역을 쉬어야 했습니다. 몸이 아파 일주일 정도 일어나지 못하고 누워 있으면서 '예수 그리스도 그 이름의 능력을 네가 믿느냐?'고 물으신 주님 말씀을 다시 생각했습니다. 저는 다시 기도했습니다. "네. 주님, 제가 믿습니다." 물음과 대답의 기도를 계속해서 반복했습니다.

I remembered a centurion who confessed that his servant would be healed once Jesus commands so with His words. I prayed that I wanted to have that same faith. I reflected on God's love, which heals the weak through the power of Jesus. I also gave thanks for the power of Jesus, which heals wounded hearts. I thanked God for the healing power of the Bible. I prayed in thankfulness to Jesus, who has healed my wounded heart in the past.

My body was recovering faster than ever. It was not something I had experienced before.

I was full of joy, and I resumed book writing. But I worked more than I could handle, and I became exhausted again. I put everything down and stayed in bed for a week. I reminded myself of what God had asked me, 'Do you believe in the name of Jesus Christ?' I prayed again, "Yes, Lord. I believe in it." I repeated my answer to God's question in my prayer.

"예수 그리스도 그 이름의 능력을 네가 믿느냐?"

"네. 주님, 제가 믿습니다."

두 번, 세 번 반복하며 주님의 물음 앞에 대답했습니다. 계속 이 물음에 대답할 때 저도 모르게 제 눈에서 눈물이 흘렀습니다.

제 안에 있는 예수 그리스도의 능력을 의지하는 믿음이 일부분에 불과함을 깨달았습니다. 어떤 부분은 믿고 있었지만 어떤 다른 부분은 세상에서 얻은 지식을 믿고 있었습니다.

주님께서 저를 치료해 주시는 것을 믿으면서도 병으로 다시 쓰러질까 봐 두려워하는 저의 믿음 없음과 세상적인 지식에 의지하는 모습을 보았습니다. '예수 그리스도 그 이름의 능력을 네가 믿느냐?'는 질문 앞에 저는 또 한 번 눈물을 흘리며 저의 믿음 없음을 고백했습니다.

'Do you believe in the name of Jesus Christ?'

"Yes, Lord. I believe in it."

I replied with the same answer over and over. While I was answering His questions, tears broke out.

I realized my faith was incomplete. I was only partially confiding in the power of Jesus Christ. I believed in some parts, but in other parts, I believed in worldly knowledge.

I saw myself holding a double-sided faith. I believed in God's healing for me, but I was also afraid that I might become exhausted again. I lacked faith, and I was seeking for worldly knowledge. God asked me, 'Do you believe in the power of the name of Jesus Christ?' I confessed, with tears, that I had such little faith in me.

계속하여 예수 그리스도 이름의 능력을 믿는다고 외쳤습니다. 매일 기도를 드릴 때마다 이 믿음의 고백을 드렸습니다. 이 기도를 계속하다 보니 제가 모르고 있던 저의 모습을 보여 주셨습니다.

주님께서는 저로 하여금 주님께 기도드리면서도 동시에 불안한 생각을 하고 여러 가지 두려운 마음을 갖고 있는 제 모습을 더 깊이 보게 하셨습니다. 보여주신 믿음 없는 모습을 한 가지씩 믿음의 기도로 바꾸었습니다.

기도를 통해서 제 안에 있던 부분적인 믿음이 예수 그리스도의 능력을 믿는 온전한 믿음으로 차곡차곡 새롭게 채워졌습니다.

오늘도 기도하며 스스로에게 묻습니다.
"예수 그리스도, 그 이름의 능력을 네가 믿느냐?"
"네. 주님, 제가 믿습니다."

I proclaimed again that I believe in the power of the name of Jesus Christ. I confessed this every day during my personal devotion and prayer. Repeating this in prayer, God revealed to me something that I was not aware of myself.

God led me to look deeply within myself – how I was afraid, even at the same time I was praying, and how many fearful thoughts I had. I prayed on what He showed me one by one. I changed my faith-less self with faithful prayers.

I was building myself into something new. Partial faith was filled to become complete faith. I filled myself with complete faith, believing in the power of the name of Jesus Christ.

I ask myself in prayer again, even today.
'Do you believe in the name of Jesus Christ?'
"Yes, Lord. I believe in it."

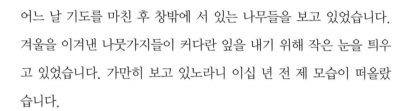

# 24. 요나 같이

어느 날 기도를 마친 후 창밖에 서 있는 나무들을 보고 있었습니다. 겨울을 이겨낸 나뭇가지들이 커다란 잎을 내기 위해 작은 눈을 틔우고 있었습니다. 가만히 보고 있노라니 이십 년 전 제 모습이 떠올랐습니다.

매일 점심 즈음, 기도하기 위해 집 앞으로 난 작은 길을 따라 근처에 있는 교회에 가곤 했습니다. 집에 도둑이 들어 하나님의 마음을 알게 된 사건이 있기 육 개월 전의 일입니다. 그 길을 가다 보면 옆으로 가는 골목길이 있고 그 모퉁이에 있는 의자에는 항상 한 할머님께서 앉아 계셨습니다. 아주 누추한 모습이셨습니다. 때로는 할머님 두세 분이 함께 이야기를 나누고 있기도 했습니다.

어느 날 성령님께서 저 할머니께 가서 전도하라는 마음을 주셨습니다. 저는 부끄러워서 싫다고 했습니다. 그 당시 저는 부끄러움이 많아 다른 사람에게 먼저 다가가서 전도하는 것이 매우 힘들었습니다. 다음 날도 성령님은 제게 똑같은 내적 음성을 주셨습니다.

# 24. Like Jonah

One day, after my daily prayer, I was standing by the window and looking at the trees outside. At the tip of each branch, there were small buds that withstood the cold winter. While I gazed upon them, it reminded me of myself twenty years back.

This story happened about six months before my house was robbed, on the New Year's Day. In those days, I would normally go to a church in my neighborhood, around noon, for daily prayer. On my way, there were small alleys on the left and on the right. An old lady sat there on one of the corners and watched people as they walked by. Her outfits were far from well-dressed. Sometimes, there would be two or three other old ladies having conversations.

One afternoon, the Holy Spirit moved my heart to share the gospel with her. At first, I rejected to do so out of embarrassment. I was very shy, and it was difficult for me to approach a stranger to share the gospel. The Holy Spirit knocked on my heart again the next day.

입을 열기가 부끄러워 머뭇거리다가 교회로 갔습니다.

다음 날도 역시 성령님은 말씀하셨습니다. 저는 어쩔 수 없이 고개
도 제대로 들지 못하고 눈을 꼭 감고 할머니 옆에 겨우 다가가 "할머
니 저 교회 기도하러 가는데 같이 가실래요?" 하고 여쭤보았습니다.
할머니께서 손을 절레절레 흔드시며 싫다고 하셨습니다. 그리고 당
신은 말을 잘 하지 못한다고 표현하셨습니다. 저는 '아이고, 잘 됐다!'
싶어 꾸벅 인사를 드리고 교회로 향하면서 "주님 그것 보세요. 싫다
고 하시잖아요." 하며 성령님께 투정을 부렸습니다.

다음 날에도 기도하러 교회에 가는 길에 주님께서 저를 밀어서 그 할
머님께 가라고 하셨습니다. 저는 또 할머님께 인사를 하고 "저랑 같
이 교회 가실래요?" 하고 여쭤보았습니다. 할머님께서 화를 내시며
저를 피하셨습니다. 저는 또 "그것 보세요, 주님." 하면서 혼자 교회
에 갔습니다.

다음 날도 성령님은 제게 전도하라는 내적 음성을 주셨습니다. 저는
할 수 없이 반쯤 풀이 죽어서 할머니 앞에 갔습니다.

I hesitated for a moment, but I continued on my way to church.

It was the third day, and the Holy Spirit told me to approach her again. I could not ignore the Holy Spirit anymore. I could barely look into the lady's eyes. I reluctantly approached her and asked, "Ma'am, I'm on my way to church to pray, would you like to join me?" She shooed me away with her hand; and she also told me, through body language, that she was not able to speak well. I thought, 'All right! That's it.' I bowed to her to say good-bye and went to church. I even complained to the Holy Spirit, 'Well, you saw her. She doesn't want to join me.'

The very next day, I was on my way to church again. The Holy Spirit gently pushed me to ask the old lady again. I greeted her and asked her again, "Would you like to go to church with me?" This time she got angry and avoided me. I complained to the Holy Spirit again, 'Well, you saw that too.' And I went to church by myself.

The next day, the Holy Spirit encouraged me to go and talk to her again. I reluctantly approached her; there was nothing else I could do.

그리고는 "할머니, 저랑 같이 교회 가셔요." 말씀드렸더니 기다렸다는 듯이 일어나셨습니다. 그제야 보니 할머님께서는 거동이 불편하신 듯했습니다. 제 어깨에 할머님을 기대시게 하고 허리를 붙잡아드렸더니 한쪽 발을 조금씩 움직여서 걸으셨습니다.

교회까지 보통 걸어서 오 분 정도 걸리는데 할머님과 함께 가니 사십오 분쯤 걸렸습니다. 온몸이 땀에 절어 교회에 들어갔습니다. 교회는 에어컨이 없어도 시원했습니다. 그렇게 같이 기도를 시작한 지 열흘만에 할머님의 중풍병이 치료되었습니다. 한쪽 팔이 움직일 수 있게 되시고 다리도 더 좋아져서 걷기가 편해지셨습니다. 어눌하셨던 말 표현도 좋아지셔서 대화가 가능해졌습니다. 화장실 다녀오신 후에 처리를 혼자 못 하시기 때문에 좋지 않은 냄새가 있었는데 이제는 씻기가 좀 더 수월해지셔서 그 냄새도 줄어들고 있었습니다.

함께 교회에서 기도하고 보름쯤 지났을 때 할머님께서 예수님을 영접하시도록 이해하시기 쉬운 말로 복음을 전했습니다. 할머니는 고개를 끄덕이며 아시겠다는 표현을 하셨습니다.

I asked her, "Ma'am, would you like to go to church with me?" She got up, as if she were waiting for me to ask her. Then I realized she could not move herself freely. I helped her lean on my shoulder; and I held her in my arm, so we could walk together, side by side.

It usually took me five minutes, on foot, to get from the corner where she sat to the church. While walking with her, it took us nearly forty-five minutes. It was the beginning of summer. I was covered with sweat by the time I arrived at the church with her. The breeze from the empty church cooled me down, even without the air conditioner being on. After ten days of praying together, she was able to move her one arm; and she could walk with less help. Her speech ability also recovered, so it became easier to communicate with her. Because her limbs were not freely movable before, she had an unpleasant smell. I assume it must have been hard for her to wash herself as much as she wanted to. As her limbs became more flexible and free to move, the smell faded.

It had been about two weeks since I began to pray with her every day. I shared the gospel with her through easy words. She nodded her head and seemed to understand what I was saying.

한마디 한마디 말씀을 전한 지 오 일쯤 되었을 때 할머님이 입을 열었습니다. 눈에 눈물이 가득 고인 채로 "나 같은 사람도 천국 갈 수 있을까요?"라고 조심스럽게 말씀하셨습니다. "그렇지요. 할머니! 그렇지요. 그럼요. 할머니." 저는 할머님과 부둥켜안고 울면서 하나님께서 주신 사랑을 나누었습니다. 할머님께서는 그 자리에서 예수님을 영접하셨습니다. 할머님 얼굴이 천국같이 환해지시더니 눈물을 방울방울 흘리시며 웃으셨습니다.

알고 보니 할머님은 초등학교 시절까지 교회에 다니시다가 불교 집안으로 시집을 오게 되어 시댁의 종교를 따를 수밖에 없었다고 합니다. 그러다 보니 하나님을 떠나 당신 마음대로 살았다고 하셨습니다. 그리고 이 나이 들도록 고생하며 지냈다고 하셨습니다. 연세는 일흔여덟 살이셨던 것 같습니다.

그렇게 할머님과 7월, 8월을 함께 기도하며 지내고 9월이 되면서 가까운 교회에 나가시도록 인도해 드렸습니다. 가끔 할머님을 찾아 뵙고 인사를 드렸는데 추석이 가까워지면서 혹시라도 할머님께서 불편해 하실까 봐 찾아가지 않았습니다.

Five days after I shared the gospel with her, she opened her mouth. With her eyes full of tears, she said worriedly, "Do you think even someone like me will be accepted in heaven?" "Of course, you will be!" I hugged her, and we shared the love of God with tears. She received Jesus as her Savior on that day. Her face had a beautiful heavenly glow; and she smiled like a child, with tearful eyes.

I recall that she was about seventy-eight years old, at that time. She told me that she used to go to church when she was in elementary school, but stopped going as she grew older. She married someone from a family that followed Buddhism, and she had to change her religion as well. That led her astray from God, and she had been living her life on her own will, since then. She also told me that she had a difficult life, even into her senior years.

I prayed with her every day during that summer. When it turned September, I introduced her to a nearby church. Korean thanksgiving was coming near, and I did not want her to feel burdened. I took a pause from visiting her for a while. *(Translator's note: It is customary to exchange gifts and treat with good food on Korean thanksgiving.)*

그런데 10월 어느 날, 할머님이 소천하셨다는 소식을 전해 들었습니다. 저는 너무 놀라서 얼어버린 듯이 그 자리에 있다가 하늘이 무너진 듯 울었습니다.

엉엉 울면서 주님께 항변했습니다. "주님, 제가 싫다고 했는데 왜 전도하라고 하셨어요. 왜요? 제가 부끄러워서 싫다고 했는데, 전도를 시키셨으면 할머님을 오래오래 살게 하셨어야 하는 거잖아요." 저는 마음속으로 할머님께서 완전히 건강해지신 후에 더 오래 사시기를 기대했습니다. 하나님께서 일하신 것을 사람들이 보고 하나님의 살아계심이 드러날 것으로 생각했습니다.

그런데 갑자기 할머님을 데려가신 이유를 알 수가 없었습니다. 제가 방바닥에 무릎을 꿇고 앉아 대성통곡을 하며 하나님께 "왜요? 왜요?" 하고 있을 때 하늘에서 '쿵!' 하는 음성이 울렸습니다.

"내가 네게 맡긴 것은 거기까지다."

이 놀라운 응답을 듣자 저는 눈물이 쏙 들어갔습니다.

One day, in October, I heard heartbreaking news that she had passed away. I was stunned for a moment, and I broke down in tears.

I cried and protested to God. "Lord, I said I did not want to go talk to her in the first place! Why did you make me do it? It took me a lot of effort! Since you forced me to do it, shouldn't you have prolonged her life?" I was hoping she would recover her health fully and live a long life. I hoped that people would see what God had done in her life. I thought this would make Him known as the living God to many people.

I could never understand why He had to take her. I cried out loud on my knees and asked God, "God, why? Why did you have to do that?" Suddenly a voice from the sky hit my ears.

"That was all I had asked of you."

My tears stopped falling the second I heard His voice.

"네. 주님, 알겠습니다." 하고 할머님 댁을 찾아가 숨을 거두고 누워 계신 할머님께 인사드렸습니다. "할머님, 이제 천국에 가시는 거예요. 편안히 천국 들어가세요."

그리고 불교 집안이었던 그 가정에서 하나님께 예배를 드렸습니다. 그 뒤 조용히 주님 앞에서 기도하며 어리석고 부족한 제 모습을 회개했습니다. 감히 하나님 앞에 왜 그러셨느냐고 항의하듯이 물었던 제 모습이 부끄러웠습니다. 며칠 동안 하나님 앞에서 자숙하는 시간을 보냈습니다.

이 글을 쓰는 지금에도 죄송한 마음을 가눌 수가 없어서 펜을 들었다가 놓았다가를 수없이 반복했습니다. 기도하고 또 기도하다가 마침내 써 내려 갑니다.

이 일을 통하여 철없는 주님의 종은 많은 것을 배우게 되었습니다. 주님께서 제게 맡겨 주신 일까지만 하는 규칙을 제 가슴에 새기며 살게 되었습니다.

"Yes, Lord. I understand." I replied. I visited the old lady's house and bid her goodbye. "Ma'am, you are going to heaven now. Rest in peace."

I was able to hold a small Christian funeral service there, even though her family followed Buddhism. I came home and I repented, in prayer, for my foolish and immature thoughts. I had daringly questioned God. I wanted Him to rationalize what He had done, and I was protesting against Him. I was ashamed of what I had done. I spent the next few days repenting and reflecting on myself.

Even at this very moment, while I write this book, my heart feels embarrassed with myself. I had to stop and resume writing so many times, because I would need to straighten my heart. I prayed and prayed so I could write this chapter with humility.

Still, as immature I was, God had taught me another lesson. My ministry ends when and where God says, and I engraved this lesson into my heart.

잃어버린 양을 찾고서 기뻐하시는 아버지의 마음을 배웠습니다. 세상으로 떠난 자녀가 돌아오기만을 기다리시는 아버지의 마음을 제 가슴에 새기며 오늘도 순종하는 마음으로 잃은 양을 찾아서 하나님의 교회에 되돌려 보내는 사역을 계속합니다.

I learned how God takes joy in welcoming His lost sheep back to the flock. I engraved God's heart to mine, remembering how much He longs for His lost children to come back to Him. I continue carrying His ministry, finding and returning the lost sheep back to God's church.

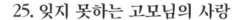

# 25. 잊지 못하는 고모님의 사랑

시댁 식구들과 다 같이 살던 시절의 일입니다. 시어머님의 핍박을 조금이라도 피하고 싶어서 남편의 회사를 통해 자원해서 부산으로 발령받았습니다. 결혼한 후 처음으로 시댁에서 나와 살게 되었습니다. 아는 사람도 한 명 없는 도시였지만 좀 더 자유롭게 지낼 수 있었습니다. 그곳에서 둘째 아이를 주셨고 아이를 출산한 지 한 달쯤 되었을 때 친정 고모부님이 갑자기 소천하셨다는 소식을 들었습니다.

둘째 아이가 태어나고 얼마 후 남편은 서울로 복귀 발령을 받았습니다. 저희 네 식구는 시댁 식구들이 있는 서울로 돌아왔습니다. 서울에 돌아오자마자 남편은 미국 보스턴으로 삼 개월간의 연수발령을 받았습니다. 둘째 딸이 생후 10개월쯤 됐을 때 남편은 보스턴으로 떠났습니다.

시어머님 밑에 아이들과 홀로 남겨진 저는 얼마나 두려웠는지 한 달이 넘도록 끊이지 않는 기침과 가래로 밤낮을 시달렸습니다.

# 25. Unforgettable love of an aunt

When I lived with my in-laws, and Lauren was about one year old, Song volunteered to relocate to Busan for three years (about 280 miles away from Seoul). He did this so I could protect myself from a domineering mother-in-law. It was the first time for me to live apart from the in-laws. Even though I did not know anyone in the city, I felt free and happy. And God allowed us a second baby while we were in Busan. About a month after I gave birth to Audrey, I received news from my aunt that her husband had passed away.

A couple of months after Audrey was born, Song was called back to his headquarters in Seoul. Hence, we moved back in with the in-laws in Seoul. Not long after, Song was sent to Boston for three-months of job-related training. Lauren was three and Audrey had just turned 10 months old then.

I was horrified to be left alone with my mother-in-law. The fear consumed my body, and I suffered from ceaseless coughing and sputum day and night.

몸을 가누지 못할 정도로 아파도 어머님은 제게 하루에 한 시간의 휴식도 허락하지 않으셨습니다. 남편이 미국으로 떠나기 전에 어머님께 제게 휴가를 주시라고 부탁드렸습니다. 장례에도 참석하지 못한 고모님 댁과 친정에 다녀오게 해달라고 어머님께 말씀드렸습니다.

저는 어머님께 삼 일의 휴가를 받고 아이들과 함께 고모님을 찾아 뵈었습니다. 고모께서는 저를 반가이 맞아주셨습니다. 제게 아무것도 묻지 않으시고, "시집살이에 고생이 많을 거야." 하시며 닭백숙을 끓여주셨습니다. 그때 제 그릇에 주신 커다란 닭다리를 보는 순간, 가슴에서부터 뜨거운 눈물이 주르륵 흘러내렸습니다. 몇 년 만에 사람다운 대접을 받은 느낌이었습니다.

시집살이에 대해서는 한마디도 하지 않았는데 고모는 저를 데리고 시장에 가서 이것저것 사 주시고 함께 웃고 이야기하며 사람들과 더불어 사는 기쁨을 느끼게 하셨습니다. 그때 고모께서 주신 사랑을 저는 잊지 못합니다.

My entire body was aching, yet, my mother-in-law would not let me rest at all. Before Song left for Boston, he asked his mother to give me a vacation. He asked her specifically to allow me to visit my aunt, whom I could not visit for her husband's funeral, and also my parents' house, which was on the way.

My mother-in-law allowed me a three-day vacation. I visited my aunt, with the girls. She gave me a warm welcome. She did not ask anything of me, but consoled me saying, "I can understand your difficulties from living with the in-laws." She cooked an entire chicken soup and she served me a bowl with a plump chicken drumstick. It made my heart break into tears. It made me feel that I was treated well, something I had never experienced for years. *(Translator's note: In Korean tradition, cooking a whole chicken soup and serving a whole drumstick is considered a special treat.)*

I did not say a word to my aunt about my life with the in-laws. Yet, she pampered me with love as if she knew of my situation. She took me to a local market and bought me presents. We talked and laughed together. She helped me feel the joy of life, the joy of interacting with each other. I can never forget the love she gave me.

고난 속에 있는 이에게 보내는 사랑의 손길은 이렇게 크고 따뜻하게 느껴지는 것 같습니다.

저녁 식사를 마치고 아이들을 다 재우고 난 후에 고모와 단둘이 남았습니다. 고모는 그제야 눈빛이 흐려지시며 말씀하셨습니다.
"난 네가 조카지만 큰 사람으로 보인다. 그래서 네게 내 속 이야기를 하고 싶다."
"네, 고모 편안히 말씀하세요."
"자식들에게도 내 힘든 마음을 다 말할 수 없더라."

고모님은 저녁 아홉 시부터 새벽 네 시까지 당신 속에 담아둔 이야기를 천천히 말씀하셨습니다.

고모부님은 예수님을 믿지 않으셨지만 고모님은 자녀들과 함께 신실하게 신앙생활을 해오셨습니다. 직장에서 국장으로 바쁘게 근무하시던 고모부님은 고모님이 교회에 함께 가자고 할 때마다 "지금은 시간이 없으니까 퇴직하고 예순이 넘으면 갈게. 당신이나 잘 다녀."라고 늘 그렇게 말씀하셨다고 합니다. 고모부님의 구원을 위해서 고모님께서는 사십 일 작정기도를 하셨습니다.

I learned how much loving hands could do, while being stretched out to the ones in pain.

After I put my two daughters to bed, I had tea with my aunt. Tears filled her eyes, and she started to share her stories with me. "You are my niece; but I can see that you've grown into a mature person, mentally and spiritually. I want to tell you my story."
"Aunt, please feel free to do so."
"I couldn't share this even with my own children, you know."

She shared her life story with me from the late evening to the early morning.

Her husband did not believe in Jesus, but she kept her Christian faith sincerely with her children. Whenever she asked her husband to join her for church, he would answer, "I don't have time for church now. I'll start going to church after I retire. In the meantime, you can go to church instead of me." He was in a senior position at his company, and he was constantly busy. My aunt started a special 40-day prayer for her husband to receive Jesus.

작정기도를 마치고 난 후에 고모부님의 지병이었던 당뇨병에 합병증이 갑자기 심하게 발병하여 병원에 입원하셨습니다. 예순이 넘으면 하나님을 믿으시겠다던 고모부님께서 갑자기 쓰러지셨을 때 연세가 불과 오십 대 초반이셨습니다.

산소 호흡기를 꽂고 계실 정도로 위중한 상태였습니다. 어느 날 고모님은 고모의 동생 되시는 제 작은아버지께 병상을 지키게 하고 잠깐 속옷을 챙기러 집에 가셨다고 합니다. 그런데 그 짧은 사이에 갑자기 고모부님의 상태가 더 악화되어 다시 병원으로 발길을 돌리셨다고 하셨습니다.

고모가 잠시 자리를 비운 사이 산소 호흡기를 꽂고 누워계시던 고모부님께서 병원 벽이 무너질 것 같은 큰 고함을 지르시며 병원 침대에서 튀어 오르는데 네 명의 장정이 잡아도 감당하지 못하는 힘이었다고 합니다. 엄청난 힘으로 침대에서 튀어오르며 "나 안 가. 나 못 가." 하시면서 작은아버지에게 "네 누나! 네 누나 데려와!" 하셨다고 합니다. 고모가 들어오시자 고모 손을 잡고 계속해서 "나는 못 가. 나는 못 가." 하시더랍니다. 남편을 진정시키고 무슨 일이냐고 여쭤보았다고 하셨습니다.

A little after the 40-day prayer was over, her husband was hospitalized due to sudden complexities from his diabetes. He always made promises with my aunt that he would believe in God after he turns sixty. He was in his early fifties when he suddenly collapsed.

He was in severe condition, and he had to depend on a medical ventilator. One day, my aunt asked her brother, my uncle, to stay beside her husband so she could quickly run to her house for new clothes. During that brief moment, her husband's condition worsened; and she was called back to the hospital.

While she was gone, her husband sprang up from his bed and began shouting loudly in fear. He was trying to get out of his bed so fiercely that no one could stop him. He kept springing up from his bed shouting, "I'm not going there. I don't want to go there!" He asked his brother-in-law urgently, "Your sister! Get your sister here!" As soon as my aunt arrived, he held her hand tightly and begged, "I can't go! I cannot go there!" She calmed him and asked him what had happened.

이야기를 들어보니 고모부님이 누워 있는데 눈앞에 두 길이 보였다고 합니다. 한쪽은 밝고 환한 길에 흰옷을 입은 두세 사람이 서 있는데 고모부를 쳐다만 보고 있고, 다른 한쪽 길은 어두컴컴한데 험악한 사람 두세 명이 고모부를 끌고 가려고 했다고 합니다. 너무 무섭고 끔찍한 곳으로 가자고 하는데 고모부님은 절대 가고 싶지 않다고 고모 손을 붙잡고 나 어떻게 해야 하느냐고 물으셨답니다.

그래서 고모도 어찌해야 할 바를 모르면서도 고모부 손을 꼭 붙잡고 말씀하셨다고 합니다. "예수님께서 당신 죄를 용서해 주시는 하나님의 아들이심을 믿는다고 고백하세요. 당신 죄를 그분 앞에 회개하세요. 그리고 당신 천국으로 보내달라고 기도하세요."

그러자 고모부님께서는 그 자리에서 바로 예수님을 영접하시고 잠시 후 조용히 눈을 감고 그대로 소천하셨다고 합니다.

고모님은 예상치 못한 상황에 너무 놀라셔서 눈물을 줄줄 흘리시며 옆에 서 있는 작은아버지를 붙잡고 "내 남편 천국 간 것 맞지?"라고 물으셨다고 합니다.

He told her what he had seen. While he was in bed, he saw two separate paths before him. One path was brightly lit; and several men, in bright white clothes, were standing there looking at him with no action. The other path was dark and gloomy; and another group of men, with frightening faces, were trying to drag him with them. They were trying to take him to a horrible and terrifying place. He held her hands tightly and asked what he should do to avoid this place.

My aunt was startled and did not know what to do; yet, she held his hands firmly and told him, "Confess to God that you believe in Jesus, who has forgiven all of your sins, who is the Son of God, and that you receive Him as your Savior. Repent of your sins before God. And pray to God, asking Him to send you to heaven."

On that very instant, he received Jesus as his Savior. He was then called to heaven, only moments later. He closed his eyes in peace.

My aunt was still in shock, and she tried to comprehend what had just happened. She broke out in tears and asked her brother, "Do you think he went to heaven?"

또 옆에 서 있는 둘째 고모를 붙잡고 "내 남편 천국 간 것 맞지?" 또 그 옆에 서 있는 누군가를 붙잡고 "내 남편 천국 간 것 맞지?" 하고 얼이 빠진 사람처럼 재차 확인하셨다고 했습니다. 울고 또 울다가 "내 남편이 천국만 갔다면 나는 슬퍼하지 않겠다." 하며 목 놓아 우셨다고 합니다. 그리고 내내 기도하실 때마다 '하나님, 우리 남편 천국에 있나요?'라고 물으셨다고 합니다. 그리고 얼마 후 꿈을 꾸셨는데 고모부님이 깨끗하고 하얀 옷을 입고 고모에게 손을 흔들며 하늘로 올라가는 모습을 봤다고 하셨습니다.

오늘도 고모님께서는 아들들을 위해 기도하고 계십니다. 학창시절에 교회에 열심히 다니던 사랑하는 아들들이 직장 일에 매여서 주일을 지켜 하나님을 예배하지 못하는 것이 가장 마음 아프다고 말씀하셨습니다.

당신이 소천하시기 전에 자녀들과 함께 교회에 가는 기쁨을 누리고 싶다고 고백하셨습니다. 그것이 당신이 소망하는 가장 큰 행복이라고 말씀하셨습니다. 주님은 애달프게 기도하는 고모님의 기도를 오늘도 듣고 계십니다. 주님의 사랑을 닮아가려는 고모님의 기도에 이제 곧 응답하실 줄로 믿습니다.

She asked the same question to someone else in the room, "Do you think he really went to heaven?" She kept asking the people around her, as if she was beside herself. She burst out crying and said, "If I can be assured that my husband really went to heaven, I won't be saddened." After her husband passed away, she kept asking God in prayer, "Dear God, is my husband really in heaven?" A couple of days later, God revealed to her in a dream that her husband was in a clean white garment. He was sent to heaven, and he was peacefully waving his hand at her.

Till this very day, my aunt is praying for her sons to return to Jesus. It breaks her heart to see her sons, who used to be sincere Christians, stray away from God due to their busy work schedules.

She shared her deepest wish: going to church with her sons, before she is sent to heaven as well. She told me that it would give her great joy to see her sons coming back to Jesus. Her prayers are from her heart, a heart that strives to resemble Godly love. I am certain that the Lord is listening to her heart-rending prayers, and I firmly believe He will answer her prayers.

# 26. 여호와를 앙망하는 이에게 주시는 은혜

예전에 저를 진료하셨던 몇 분의 의사 선생님들이 제게 말씀하시기를 일반 사람의 체력이 10이라면 저는 2에서 3을 가지고 있는 사람이라고 하셨습니다. 어떤 분은 제가 너무 약한 체력을 가지고 태어났다고 하셨습니다. 어떤 선생님은 의학적으로 해결할 방법이 없으니 항상 몸을 조심하라고 하셨습니다.

그러나 저는 항상 잊고 살았습니다.

여호와를 앙망하는 자에게는 새 힘을 주신다는 말씀을 의지했습니다. 하나님의 말씀대로 하루하루 살아가는 자에게 새 힘을 주실 것을 믿으며 기도했습니다. 글을 하루에 삼십 분가량 쓸 때도 있고 한 줄도 못 쓰고 누워 있을 때도 많지만 말씀대로 여호와를 앙망했습니다.

이렇게 기도하며 시간이 흐르는 동안에 제 몸 안에 약한 부분들이 강하게 변화되는 기적과도 같은 일들이 작지만 꾸준히 일어나고 있었습니다.

# 26. Grace for those who hope in the Lord

I have heard from a couple of my doctors in the past that if the average health level of a normal person was a 10, I have strength of 2 to 3. One of them told me that I was born with a frail body. Another doctor told me I should always take caution, as there is no medical solution for my weakness.

But I always forget this.

Instead, I confide in the Scripture that the ones who hope in the Lord will renew their strength. I prayed in faith that God will renew the strength of those who live by with His words every day. Sometimes, I felt weak and could not continue writing for more than thirty minutes. Other times, I would have to rest in bed all day long. Yet, I hoped in the Lord.

I continuously prayed for days and months. I could sense that God was doing something in my body. God was making my weak parts stronger, steadily. It was miraculous.

몸의 약한 곳마다 새 힘을 받고 있는 느낌이 들었습니다. 몸의 움직임이 편안해지기 시작했습니다. 글을 조금씩 더 쓸 수 있었습니다. 우리들의 약한 것과 병든 것을 치료하시는 예수님의 말씀이 떠오르며 '우리의 약함을 예수님께서 이렇게 치료하시는구나.'라고 생각했습니다.

그리고 매일 읽으며 묵상하는 말씀들이 제게 더욱 큰 기쁨이 되었습니다. 하나님 사랑의 깊이와 넓이가 조금씩 더 크게 보이고 우리를 향한 아버지의 사랑이 제 마음에 실제로 다가왔습니다.

때로는 말씀 속에서 회개해야 될 제 모습을 발견하여 기도하면서 저의 죄를 용서해 주시는 주님의 은혜 안에 머물렀습니다. 때로는 몸과 마음이 지쳐 기도할 때 하나님은 말씀으로 위로하시고 더 큰 힘을 주셨습니다. 이 귀한 말씀을 주신 하나님 아버지께 감사를 드리며 가정예배 시간마다 가족들과 함께 이 기쁨을 나눴습니다. 그러면서 저에게 주어진 사역을 조금 더 원활하게 할 수 있었습니다. 아직도 약하고 힘든 부분이 있지만 더 아팠던 얼마 전에 비하면 기쁘고 감사한 날들이었습니다. 오랜만에 저는 기쁜 마음으로 사역에 더욱 열심을 쏟았습니다.

I could feel my body was renewing with strength. I could move around more freely. I could concentrate on writing this book a little longer than before. I reminded myself that Jesus heals disease and sickness. He was healing me.

The Bible Scriptures that I read for daily devotions gave me more joy, day by day. I could understand the depth and width of God's love. I could feel His love for us.

While reading the Bible, I discovered imperfections within myself that needed to be repented. I asked for His forgiveness in prayer and remained in his grace. I was praying, despite the tiredness of my body and soul. Yet, God gave me comfort through His words, and He also gave me even more strength. I thanked God for allowing me to read His precious Scriptures. I shared this joy with my family during family worship. It helped me continue the ministry with more energy. I still had weaknesses in my body, but I was in much better condition than in the past. I carried out the ministry with zeal and joy.

사역을 늘려가자 다시 부족한 체력의 벽에 부딪히게 되었고 허리의 통증은 더욱 극심하게 악화되었습니다. 몸이 아플수록 저를 치료하시는 예수님의 능력을 재차 믿음으로 고백하고 네 모든 병을 고치신다고 약속하신 하나님 앞에 기도했습니다. 내 생명을 파멸에서 건지시는 능력의 주님을 바라 보았습니다.

몸의 상태가 너무 안 좋으면 병원에 가서 수액 주사를 맞으며 의료진의 도움을 받았습니다. 인간의 손을 통한 병원 치료 또한 치료의 근원이신 하나님의 손길인 줄로 믿으며 도움을 받습니다. 저를 도와주신 병원 의료진에게 늘 감사한 마음을 가지고 있습니다. 이분들의 따뜻한 도움을 받아 건강을 조금씩 회복한 저는 다시 기도할 힘을 얻었습니다. 기도를 하고 나면 말씀을 읽을 힘을 얻게 되고, 말씀을 읽고 나면 저는 이전보다 조금 더 성령의 사람으로 변해 있었습니다. 그러면 또 한 줄의 글을 쓸 수 있었습니다.

I involved myself more actively in ministry; and once again, I used up my physical strength and my back pain worsened. I confessed with faith, the power of Jesus who heals me. I prayed to God, who heals all my diseases. I looked up to the power of the Lord who redeems my life from the pit.

When my health condition worsened, my doctor prescribed an IV therapy treatment for me. I also received medical help for recovery. I believe that receiving medical treatment is one of the ways that God provides healing. I am always thankful to my doctor, and his team, for their medical care and compassionate service. Thanks to them, I recovered my health and gained the strength to pray again. When I prayed, God helped me gain strength to read the Bible. When I read the Bible, the Holy Spirit helped me resemble God, more than before. As I resembled God more in my character, I could continue writing another paragraph for this book.

그러던 중 지방에 잠시 다녀와야 할 상황이 되었습니다. 저의 체력으로는 도저히 갈 수 없었지만 믿음으로 다녀와야 했습니다. 다녀온 후 병원에서 치료를 받았지만 저의 체력에는 무리가 가는 일정이어서 아픔이 오래 지속되었습니다. 누워서 통증을 그저 견디고만 있는 어느 오전 시간에 성령님이 제게 알게 하셨습니다. 저와 제 남편이 유학과 선교를 위해 한국을 떠날 때에 자녀들을 한국에 남겨두고 떠나는 슬픔이 너무 커서 제 가슴에 묻어 놓은 고통이 쌓여 허리에 만성적인 통증이 되었다는 것입니다.

몇 년 전 저와 남편이 어떤 사역을 해야 하나님께서 기쁘게 받으실 것인지를 놓고 기도하고 있을 때 성령님은 남편과 함께 미국으로 유학을 가라는 응답을 주셨습니다.

준비되지 않은 저로서는 당황스러웠고 계획해 두지 않았던 일이라 너무 힘들었습니다.

After a while, something came up; and I had to visit someone far from where I lived. Considering my health condition, it would have been better if I did not go. However, I needed to make this visit, and I left home with faith. After I came back from the two-day trip, I went to see my doctor for recovery. The pain in my body persisted, because the trip was more than I could handle. I stayed in bed, waiting for the pain to calm down. One morning, the Holy Spirit revealed to me that this pain had originated several years ago. When Song and I were about to leave for the US, for educational and missionary purposes, my sorrow from leaving my daughters behind was too deep. The sorrow became chronic pain in my back.

Years back, Song and I were praying about what kind of ministry we should do to bring joy to God. The Holy Spirit answered us and led us to go and study in the US.

I was startled, as I was not ready for such a change. It was also difficult for me to process something that I had not seen coming.

자녀들을 남겨두고 가야 하는 고통은 말로 다 표현할 수 없는 아픔이었습니다. 삼 개월을 매일매일 눈물로 기도하다가 의지적으로 주님께 순종하는 마음으로 십 개월 만에 미국으로 떠났습니다.

돌이켜보니 저는 늘 허리에 힘이 없었는데 그 즈음부터 허리에 통증이 더욱더 심해졌습니다.

허리 통증의 원인을 알고 난 저는 정말 놀라워서 '아! 그렇구나. 그런 거였구나.' 생각하며 가족 예배 중 말씀 나눔 시간에 이러한 이야기를 나누었습니다. 그런데 식구들에게 간증하는 도중 허리에 늘 있던 무거운 통증이 바로 사라지는 것을 느꼈습니다.

통증의 근원이 즉시 사라졌습니다. 제 몸에 있던 고통이 나간 것을 알 수 있었습니다. 제 몸의 병이 나음을 제 몸이 먼저 깨달았습니다.

저는 너무나 놀라워서 어떻게 반응해야 할지 몰랐습니다. 일어나는 게 힘들어서 항상 맨 나중에 천천히 일어섰던 제가 예배를 마치고 벌떡 일어섰습니다. 그토록 아프던 허리가 가벼워지면서 온몸이 가뿐해졌습니다.

Leaving my daughters behind in Korea was very painful. Nothing could be compared to my pain. I prayed in tears every day for three months before leaving. Ten months after the Holy Spirit had answered our prayers, we left for the US with willful obedience.

Looking back, I always had weakness in my back. I realized it was after those days that the pain in my back worsened.

It was a revelation for me. Understanding why I had constant back pain, I thought, 'Now I see. That was it.' I shared this with my family during family worship. That evening, while I was sharing how the Holy Spirit revealed this to me, I felt the severe pain in my back vanish in that very moment.

The root of my constant pain was gone. I was sure it had disappeared. I could recognize that my body had been healed.

I did not know how to react to this amazing incident. I was always the last one to stand up after family worship. On that day, I was the first person to spring up after the worship. Without any pain in my back, I felt free and light.

저는 정말 치료된 것이 맞는지 놀라워서 허리를 굽히고 펴기를 가족들 앞에서 반복했습니다. 모두들 기뻐하고 놀라운 은혜를 베푸신 하나님께 감사드렸습니다. 그 후 며칠을 지나며 확인해 봐도 근원적인 통증은 정말로 사라지고 없었습니다. 할렐루야! 치료하시는 하나님께 또 은혜를 받았습니다.

그리고 주님께서는 지혜를 구한 저에게 지혜를 더해 주셨습니다. 몸이 조금만 회복되어도 삼십 대 때 일했던 것처럼 무리하게 체력을 써서 일하려고 하는 제 어리석은 모습을 알려주셨습니다. 기도 중에 치료되면 제 몸의 상태를 온전히 건강하다고 생각하며 쉬지 않고 바로 사역하려는 저의 잘못된 습관을 인식하게 하셨습니다.

가진 체력에 비해 늘 과로하는 저의 모습을 보게 하셨습니다. 제 자신을 위하여는 시간도 물질도 넉넉히 사용하지 못하는 저를 보게 하셨습니다. 스스로를 위해 즐거움도 누리고 쉼도 누려야 함을 알게 하셨습니다.

I joyfully tried bending my body multiple times in front of my family. Everyone was happy to see me moving freely. I thanked God for His a l mazing grace. I checked again a couple of days later. The pain was gone for good. Hallelujah! God had given me grace again through His healing power.

Through this incident, God had given me the wisdom that I had been praying for. Whenever my body recovered a little, I would get back to work. I was using my body as if I was in my thirties, so I pushed myself too much. When God healed me in my prayer, I considered myself to be completely healthy; and I engaged myself in ministry with little or no rest. He told me it was one of my lifestyle habits that needed to be corrected.

I was working beyond my physical capabilities. He also wanted me to realize that I did not spare time or money for my own good, but I should. God taught me that I should enjoy my life, and take a rest for myself as well.

이제는 현재의 제 모습을 사랑하면서 건강이 주어진 시간에만 사역합니다.

주신 은혜에 감사하며 제 삶과 사역을 기쁘게 즐기는 사람으로 바뀌어가고 있습니다.

여호와를 앙망하는 자에게 새 힘을 주셨으니 독수리 날개 치며 올라가게 하실 것이고 달음박질하여도 곤비하지 않고 걸어가도 피곤하지 않는 힘, 그 성령의 힘으로 지혜롭게 살 것을 믿으며 오늘도 감사기도를 드립니다.

After learning this lesson, I accepted myself and my current condition. I planned my schedule in a way that I could carry out the ministry with enough strength and enough rest.

I am changing so I can enjoy my life and ministry, and I am also giving thanks for God and His grace.

The Lord renews the strength of those who hope in the Lord. They will soar on wings like eagles; they will run and not grow weary; they will walk and not be faint. I have faith that I will live with wisdom, from the power of the Holy Spirit. I give my thanks to God for His grace.

# 27. 사랑받는 믿음

어느 날 새벽 한두 시쯤 저는 꿈속에서 어떤 마음의 고통으로 심히 괴로워하다가 그 고통 속에 잠이 깨었습니다. 너무 힘든 꿈이었습니다. 일어나서 어려워진 마음을 정리하고 주님께 제가 왜 이런 고통에 시달리는지 여쭤보았습니다. 한 시간 정도 기도했지만 아무리 여쭤봐도 알 수 없었습니다. 이상한 꿈으로 인해 제 안에 생긴 무거운 고통을 기도로 다 쏟아내었습니다.

기도하고 나니 꿈속에서 저를 괴롭히던 그 사람을 과거에 용서했는데 제가 의식하지 못하는 미움의 감정이 아직 남아 있음을 깨달았습니다. 다시 그 사람을 용서하는 기도를 했습니다.

주께서 용서하신 것 같이 서로 용서하라는 말씀을 기억하며 기도하고 또 기도했는데도 꿈속에서 경험한 아픔이 남아 있었습니다. 그를 온전히 용서하겠다고 주님께 계속해서 부탁하며 기도했습니다. 기도하다가 잠이 들었는데 또 힘든 꿈을 주셨습니다.

# 27. Faith of being loved

I woke up from a nightmare late one night, between 1 a.m. and 2 a.m. I was suffering from some unknown pain in my heart. I straightened myself and asked God why I had such dream. I prayed for about an hour, but God did not give me an answer. I prayed, pouring out the pain I had in my heart from the dream.

After I gave my prayer to God, I realized that I had hatred within me toward the person whom I saw in my dream. It was someone who gave me a hard time in the past. I had forgiven them in the past, yet I had hatred in me that I didn't know about. I prayed to God again that I would forgive them.

I remembered the Scripture that we should forgive one another as the Lord forgave us. I prayed continuously, yet the pain from the dream remained in me. I prayed, confessing that I will forgive them completely. I asked the Lord for His help in my prayer. I fell asleep praying, and He gave me another painful dream.

형태는 달랐지만 기도해 보니 같은 꿈인 것 같았습니다. 새벽 네 시경 일어나 다시 기도했습니다. 저는 알 수 없지만 성령님께서 제 안에 있는 감정을 끌어내 주시도록 기도했습니다.

한참이 지난 뒤에야 제 안에 원망의 감정이 있음을 알았습니다. 제가 참아주고 기다려주고 그만큼 오랜 시간 배려해 주었으니 그 상대도 제게 그런 배려를 베풀어 주기를 기대했고 상대가 저의 기대에 미치지 못함을 볼 때 저는 마음속 깊이 원망하는 마음을 가지고 있었습니다.

상대방도 저를 품어주고 넉넉한 사랑을 제게 베풀어 주기를 바라던 제 모습을 발견하였습니다. 제가 이만큼 배려했으니 상대방도 당연히 그만큼은 해야 된다고 기대하는 마음이 제 안에 있었기에 미움도 원망도 더 커졌던 것입니다.

주님이 주신 말씀대로 순종하지 못하는 저의 모습을 발견하는 가슴 아픈 시간이었습니다. 이러한 모습을 고백하고 회개했습니다. 온전히 용서했다고 하면서도 마음속 깊은 곳에서는 저도 모르게 미움을 키우고 원망을 간직하고 있는 부끄러운 모습을 보았습니다.

The dream came in a different shape; but after prayer, I realized it was still the same message. I woke up again. It was around 4 a.m. I prayed that the Holy Spirit would let me pour out and release my hidden emotions.

Hours later, I realized that I had resentment within me. I was expecting that someone would be considerate to me, as I had been considerate to them for a long time. I had waited for them to acknowledge my kindness. When this expectation was not met, I held resentment.

I wanted others to receive me and be generous to me, as much as I was to them. I thought it was a given, because I showed consideration for others. But it only made the resentment grow.

I looked back on myself and how I was not obeying God's words. I was full of agony. I confessed and repented. I thought I had forgiven them completely, but I was keeping hatred and resentment deep down in my heart. I was ashamed of myself.

사랑은 베풀고 나누는 것인데 저는 때때로 못 견디게 마음이 아픈 것이 힘들었습니다. 사랑한다고 하면서 마음이 아픈 저의 이런 모습을 어떻게 할 방법이 없어서 가만히 주님만 바라고 있었습니다.

그렇게 몇 시간이 지나고 나서야 제게 있는 사랑이 너무 작은 것을 알았습니다.

도랑에 흐르는 가느다란 물줄기처럼 제 몸 하나 적시기에도 부족한 그런 사랑이었습니다. 제 안에 사랑이 더 필요하다는 것을 깨달았습니다.

답답한 마음을 붙잡고 한참을 기도하고 나니 제게 찾아오는 하나님의 사랑이 있었습니다. 죄성을 가진 제 모습처럼 이 땅의 모든 사람들은 죄를 범한 존재이기 때문에 배우자의 사랑이나 좋은 친구의 사랑도 서로를 다 채울 수 없는 것이었습니다.

이웃 간의 그리고 사회적 관계에서의 사랑도, 부모 자녀 간의 애틋한 사랑도 소중한 것이지만 온전한 만족은 없었습니다.

Love is to give generously. Sometimes it hurt me, and it was difficult for me. I looked upon the Lord, not knowing what to do about myself. I wanted to love others, but it hurt me at the same time.

Hours passed by, and I realized that the love I had in me was too shallow.

Like a narrow stream of water, the love I had was not even enough to cover myself. I came to understand that I needed to expand the love within myself.

I prayed with a troubled heart for a long time. God's love came to me then. Just like I am a sinner, everyone on this earth is a sinner. Not even love of a spouse or of a best friend could fill one another fully.

The love between neighbors, social acquaintances, and between parents and children are precious. But nothing could give complete satisfaction.

그들에게 주는 사랑도 그들로부터 받는 사랑도 모두 부분적인 것임을 알게 하셨습니다. 사람들을 사랑하는 것과 섬기는 것은 희생임을 알게 하시고 제게 사랑을 채워줄 상대는 사람이 아니라 하나님이라는 것을 깨닫게 하셨습니다.

사람에게는 사랑으로 섬기고 사랑은 하나님으로부터 받는 것이라는 사실을 더욱 확실히 정리하도록 도와주셨습니다. 상대가 가족이든지 성도든지 그 외에 누구든지 마찬가지였습니다.

사랑의 근원인 내 아버지의 사랑, 예수님의 사랑, 그리고 성령님의 사랑은 한없이 크고 넓어서 제가 바라든 바라지 않든 날마다 넘치도록 부어주시는 것을 다시 한 번 기억나게 하셨습니다.

제 안에 사랑이 부족하다고 주님 사랑으로 채워달라고 기도했습니다.

The love that I give and the love received from others are meant to be limited and partial. God wanted me to know that loving and caring for people meant sacrifice and dedication. God taught me that the only one who can fill me with complete love is God, not people.

God helped me understand clearly that loving others is serving them, and being loved comes only from God. Whether it was family, Christian friends, or others, it was the same.

My Father's love is the origin of love. The love of Jesus and the love of the Holy Spirit is without limit. God fills my life with His overflowing love, whether I ask for it or not. He reminded me of His great love.

I prayed that God would fill me with His love. I was lacking love.

이제는 그 동안 부분적으로 알고 있던 하나님 아버지의 사랑에 눈을 더 크게 뜨고 가슴을 더 넓게 열고 사랑 받는 믿음을 키워야 하는 것을 알게 되었습니다.

사랑의 그릇을 넓히기 위해서는 하나님께서 베풀어 놓으신 자연과 삶 속에서 쉬기도 하면서 즐겁게 누려야 한다는 것을 알았습니다.

주신 사랑을 마음껏 즐기며 느껴야 하는 것도 알았습니다.

그 동안 저의 일생 속에 부어주신 은혜를 하나 하나 헤아리며 그 은혜에 감사하고 감격하는 시간이 제게 또 필요함을 알았습니다.

성경 말씀 속에서 주시는 아버지의 사랑을 제 가슴에 하나씩 하나씩 다시 새겨가며 기뻐하는 시간이 필요했습니다.

제 안에 하나님의 사랑으로 다시 채워야 할 시간이 필요했습니다.

I learned that I should increase my faith, and I should fully trust that I am being loved. My knowledge about His love was limited in the past. I let my eyes and heart open wide toward God's great love.

I came to understand that enjoying life, in God's creation and nature, will help me expand my boundaries of love.

I learned that I should enjoy as much as I can in His love, to feel His love.

I learned that I should take time to count His blessings in my life, to fully absorb how much I have been blessed in my life, and to give thanks to God for His blessings.

I also needed to take time to rejoice in His love, through the words written in the Scriptures, inscribing them one by one in my heart.

I also needed to take a separate time to fill myself with His love again, slowly and fully.

## 28. 사랑하지 못하는 아픔

삶의 모든 과정에서 만나는 모두를 사랑하며 살아가는 것은 아직도 제게는 어려운 일입니다. 하나님께 채움 받아야 하는 사랑의 원리를 깨달았지만 충분한 육체적 쉼이나 여유를 갖지 못한 채 사역하면서 여전히 고통스러운 현실과 부딪혔습니다. 제가 먼저 더 많이 사랑하지 못하는 아픔에 시달렸습니다.

고뇌하고
기도하고
앓아 누운 듯
고통의 시간을 보내고 있었습니다.

마음의 오랜 싸움을 기도로 주님께 의탁하고 말씀으로 묵상하면서 며칠 동안 기도하고 있는데 주님은 기도를 계속하고 기도에 감사함으로 깨어있으라는 말씀을 보게 하셨습니다. 말씀을 보는 순간 '계속 기도해야겠구나! 고뇌에 빠지지 말고 감사하면서 계속 기도해야겠다.'라고 다짐했습니다.

# 28. Pain from not being able to love

It is still difficult for me to love everyone I meet. I learned an important principle of God's love; fill myself with God's love first. However, I continued the ministry without taking enough time for leisure; so, I couldn't enjoy myself or relax. It was painful. It was painful that I could not love others first, or love them more.

I was having agony.
I prayed arduously.
I was weary and tired.
It was a painful time. My heart was ill.

I vigorously deliberated on this situation for a long time. I continued praying, confiding in the Lord, and reflecting on the Bible for this problem. The Lord led me to read the Bible verses that I should devote myself to prayer while being watchful and thankful. The moment I read the verses, it struck me, 'I should continue praying. I should keep praying with thanks, and not fall in agony.'

그리고 제가 그리스도의 비밀을 말할 수 있게 해달라고 기도했습니다.

또 며칠이 지났지만 하나님 아버지의 말씀대로 온전히 사랑하지 못하는 마음의 고통은 눈이 시리도록 제 마음을 아프게 했습니다. 눈을 감고 조용히 침묵하다 눈을 뜨니 벽에 걸린 성경 말씀이 눈에 들어왔습니다.

'선을 행하는 각 사람에게는 영광과 존귀와 평강이 있으리니….'

계속 말씀을 읊조리며 기도했습니다. 한참이 지나서야 용서는 선을 행하는 것임을 알았습니다.

미련한 종은 그제야 용서는 결국 사랑인 것을 더 깊이 배웠습니다.

말씀이 삶이 되어 제가 말씀의 삶을 살 때까지 실수하면 기도하고 또 말씀으로 회복하며 사는 것이 저의 삶이었습니다. 그렇게 하루하루 살다 보면 조금씩 말씀이 생활이 될 것이라고 믿습니다.

I also prayed that I could proclaim the mystery of Christ.

A few days had passed. My heart was still in agony from not being able to love others completely. The pain made me fall in tears. I closed my eyes and prayed in silence. I opened my eyes; and one Bible verse, which was hanging on the wall, caught my eyes.

'Glory, honor and peace for everyone who does good'

I kept praying and repeating this Bible verse. It took me a while to understand that 'doing good' was to forgive.

Such a fool I was, only then did I realize that to forgive was to love.

I long for my life to be filled with the Scriptures, so I will live the Scriptures. When I would fall short and make a mistake, I would pray and reflect on the Scriptures to get back on my feet again. I believe that living by the Scriptures, one day at a time, will gradually fill my life with the Scriptures.

부부 관계, 부모자녀 관계, 형제자매 관계, 시댁과의 관계, 성도와의 관계, 직장이나 사회적 관계, 어떤 관계에서든지 제 마음에 억울함이 쌓일 때가 있었습니다. 말씀에 순종해야 하기에 저만 용서하는 것 같고 저만 사랑하는 것 같은 억울한 마음이 들 때 용서는 선을 행하는 것이라고 주님께서는 성경 말씀을 통하여 말씀하십니다.

우리들의 눈은 하루 종일 세상에 고정되어 있고 우리들의 귀에는 세상 사람들의 말이 더 많이 들리기 때문에 진리를 분별하며 말씀대로 사는 것이 쉬운 일은 아닌 것 같습니다.

그래서 선을 행하는 것이 용서하는 것이고 또 용서하는 것이 바로 사랑하는 것이라고 제 스스로에게 말해 줍니다.

그것이 하늘 아버지께서 우리들에게 말씀하신 비밀한 일이라고 말해 줍니다.

주님은 참고 선을 행하는 이에게 영광을 주시고 존귀도 주시고 평강도 주시겠다고 사랑 깊은 약속을 주십니다.

I have been confronted with difficulties in my life. Sometimes it was from my relationship with Song, with my daughters, with my brothers and sisters, with my in-laws, with colleagues, or with other social acquaintances. Because I lived to obey God's commands from the Bible, it made me feel like I was the only one forgiving and loving others. It felt unfair. Yet, the Lord tells us clearly through the Scriptures that to forgive is to do good.

Since we live in this world, our eyes are focused on this world. Our ears hear what worldly people say. I agree that it is not easy to live by the Word, differentiating the good from the evil.

So I remind myself that to do good is to forgive, and to forgive is to love. I keep telling this to myself.

I also tell myself that this is the mystery our Heavenly Father reveals to us.

I went back to reading the Bible. God tells us that He will give glory, honor, and peace to those who do good. It is His promise of love.

세상 문화 속에 있는 우리를 지키시려는 지극히 깊으신 아버지의 사랑을 보며, 부끄러운 종이 아팠던 마음을 주님 앞에 내려놓고 아기 고양이가 주인의 품에 털을 비비듯이 저도 주님 품에 감사를 드리며 편안히 안깁니다.

I could feel God's great love, which protects us from the worldly culture. I was ashamed of myself; and I put my painful heart down in front of the Lord, giving thanks to Him. I relaxed in God's embrace; like a baby kitten snuggles with its mother.

# 29. 미완의 목사

하나님의 한없는 사랑을 닮기에 아직 부족하기에 현실에서 마음 아픈 상황을 마주치면 눈물을 흘리는 때도 있었습니다. 한 가지를 용서하면 또 용서할 다른 두 가지가 나오고 이곳에서 용서하면 또 하나가 저곳에서 나왔습니다. 말씀처럼 사랑하는 것에 아직 미숙했던 저는 마음이 아팠고 지치기 시작했습니다. 너나 할 것 없이 죄성을 지닌 우리들의 모습이라고 생각하면서도 아픔 뒤에 이어지는 또 다른 아픔은 제가 더 넘어야 할 산과 같았습니다.

용서하고 사랑하고 선을 행하는 믿음으로 서 있겠노라고 결심하고 기도했지만 저의 부족한 사랑의 용량은 한계에 부딪힌 것 같았습니다.

# 29. Incomplete pastor

I still fall short when it comes to showing the endless love of God to others. When this world throws me hardships, I shed tears from the pain in my heart. After forgiving one thing, two more things come up. I would forgive here, and over there would be another. I was immature in loving others in the way the Scripture tells us. It hurt my heart, and I became tired in pursuing God's love. I tried to understand that it was because every one of us is a sinner. Yet, hardships came up, one after another, as if I was going on a journey through a mountainous trail.

I was determined to forgive others, to love them more, and to stand with the faith of doing good in my prayer. But it seemed that my lack of love was facing a great wall.

제 안에 사랑할 힘이 없었습니다. 사람의 생각으로는 사랑할 수가 없었습니다. 주님이 제게 주신 사랑은 하늘만큼 넓고 큰데, 제게 있는 사랑은 어린아이같이 작아서 제 손에 있는 것을 주고 나면 더 이상 줄 것이 없었습니다. 사랑해야 하는 것을 알지만 제 마음이 아파서 사랑할 힘이 없었습니다.

거센 풍랑에 부딪히듯 세파에 찢어지는 가슴을 붙잡고 "주님, 저는 이 이상은 감당하지 못하는 마음이 좁은 사람입니다. 도와주세요. 저로서는 품기 어려운 고통입니다. 이 상황과 제 감정을 다스려주세요."라고 기도했습니다.

기도하니 몇 시간 정도 지난 후에 성령님은 부족한 제 마음을 평강으로 사로잡아 주셨습니다. 답답했던 마음에 폭풍이 지나간 듯 잔잔한 평화가 밀려왔습니다.
"주님, 감사합니다."

성령님께 도움을 요청하고 나니 제가 해결할 수 없었던 미세한 부분과 마음의 생각, 감정 그리고 환경까지도 주님의 사랑으로 덮어 주셨습니다.

I did not have any more love left within me. I could not love with a human heart. God's love which was given to me was higher than the skies and deeper than the oceans; yet, the love I had within me was small, like the fist of a little child. After giving what was in my hand, there was nothing more left to give. I knew I had to love, but I did not have the energy to do so. I had such a wounded heart.

I held on to my heart; but it felt like it was ripping apart, like a little ship in a great storm. I prayed, 'Lord, I am so narrow-minded that I cannot take more than what I have now. I cannot bear this pain anymore. Please take control of my feelings and of the circumstances I am in.'

After a few hours of prayer, the Holy Spirit covered my heart with His peace. Tides of peace came into my heart, as if the storm had swept my troubled heart away. "Thank you, Lord."

After asking the Holy Spirit for help, He came to my heart and covered my thoughts, emotions, circumstances, and other troubles with His love.

성령님의 포근한 사랑을 입은 제 영혼과 육신은 온전한 평안 속으로 들어가서 쉼을 누리고 있었습니다.

이것이 예수님께서 우리들에게 구하면 주시겠다고 하신 선물, 성령님의 임재였습니다. 감사합니다. 고맙습니다!

마른 대지 위에 비를 내리시듯이 긴 시간 동안 고갈되었던 제 영혼은 해갈의 기쁨을 누리며 평안해졌습니다. 그렇게 며칠이 지나면서 부족한 저의 모습을 다시 보게 되었습니다. 아직도 미숙하기가 그지없는 저의 모습이 하루하루가 지날 때마다 주님께서 주신 말씀과 대비되어 더 확연히 드러났습니다. 그럼에도 불구하고 긴 시간 동안 저를 붙잡아 주신 주님 앞에 고개가 숙여졌습니다.

묵묵히 주님이 주신 말씀을 읽으며 또 며칠을 보내고 나니 미완성이고 실수투성이인 저를 오랜 시간 동안 품고 오신 하나님 아버지의 사랑 앞에 감사기도가 폭포수같이 터져 나왔습니다.

My body and soul were clothed with the warm love of the Holy Spirit. I rested in His complete peace.

It was the gift that Jesus had promised to give us when we ask; the presence of the Holy Spirit.

Thank you, Jesus. Thank you!

His love rained on my heart, as if it was sprinkling on famine lands. My soul was suffering from a spiritual drought for a long time. It was quenched with heavenly joy and peace. Days passed after experiencing the Holy Spirit's presence, and I had realized how incomplete I was. My immaturity was exposed more clearly in the light of His words. I could do nothing but humbly bow my head in front of God's enduring love, a love that never quit holding me.

I spent another few days humbly reading and reflecting on the Bible. Thankful prayers burst unto God, for He had embraced me for a long time. It was His love that embraced me, someone who was immature and full of mistakes.

아버지의 사랑이 제 가슴에 채워지는 기쁨이 밀려왔습니다.

주의 사랑을 많이 받고 주님의 눈물을 처절하게 느꼈으면서 하나님의 사랑 안에서 아직도 어린아이처럼 걸음마하며 걷고, 가끔은 넘어지기도 하고, 멍하니 멈춰 서 있기도 하는 저는 지극히 미성숙한 사람입니다. 말씀 속에서 주님의 사랑을 배우는 저는 지금도 주님의 손길이 필요한 미완의 작은 목사입니다.

사랑이 없는 저를 용서하시고 사랑이 없는 저를 주님의 사랑으로 덮어 주시기를 기도합니다. 주님, 저는 당신이 필요합니다. 몸과 마음이 고통의 시간을 지나는 동안 사람을 이해하는 마음이 더 깊어지고 있었습니다. 몸이 약해지면 마음도 약해지고 사랑을 줄 힘도 없다는 것을 알아갔습니다.

이로 인해 몸이 아픈 이들을 돌아보며 기도해 주는 믿음이 더 커졌습니다. 마음이 힘든 사람을 품어주는 넓이가 조금 더 커져 가고 있었습니다.

Pure feelings of joy flooded in. My heart was filled with the Father's love.

I am still immature, even though God has graced me with abundant love. I had felt His sorrowful tears. I am like a toddler in His eyes - a toddler who is taking her first step, who stumbles over small pebbles, and who stops for a while with a blank face. I am still learning about God's love from the Bible. I am a small and incomplete pastor who needs God's care.

I pray that the Lord will forgive my lack of love for others. I pray that God will cover me with His complete love. Lord, I need your help. While I was going through the physically and mentally painful days, my understanding of humanity grew deeper. I realized that as my body suffered from its weakness, my heart for others narrowed as well. And with a narrowed heart, my strength to love others decreased as well.

Understanding this helped me pray more for others who were also suffering from illness. It helped me embrace people who were going through the difficulties of life.

고난의 시간을 지나는 동안 기도를 통해 깨달은 것을 실천해야 함을 더욱 절실히 알아갔습니다.

사역에 지친 몸을 내려놓고 쉬어야 했습니다. 쉬는 기간 동안 말씀 속에서 제 영은 하나님의 사랑으로 채워져 가고 있었습니다. 말씀을 읽을 때마다 그 속에 비쳐지는 아버지의 사랑은 저를 더욱 새롭게 하였고 감격 속에 머물게 했습니다.

제 마음은 기도와 묵상을 통하여 회복되어 가고 있었습니다. 제게 주신 것들을 감사하며 지낼 때 회개해야 할 제 모습이 더욱 세밀히 보이고 제 마음의 고통과 어려움을 다 말씀드릴 때 제 안에 있던 어둠들이 쫓겨 나갔습니다.

마음에 기쁨이 가득 차게 되면서 말씀의 능력도 제 삶에 더 크게 다가왔습니다. 주님께 맡겨드리는 믿음을 통해 제 힘으로는 할 수 없는 사랑을 주님께선 할 수 있게 하셨습니다. 마가복음 말씀을 통하여 제가 감당하지 못하는 것은 주님께서 이루실 줄로 믿고 기다리는 믿음을 더 깊이 키워가셨습니다.

I grew to understand, through hardships, that I needed to put to action what I had learned in prayer.

I took some time off from ministry to recover my health. My soul was recharged with God's love whenever I read the Scriptures. When I read the Bible, I was renewed and awed by God's love, written in the Bible.

I slowly recovered, through daily prayers and devotions. Whenever I would give thanks to God through prayer, He would help me look back on myself more carefully so I could repent more. Talking to God in prayer about my pains and hardships helped me drive away the shadows within me.

As my heart was filled with joy, the power of His words grew in my life. I could not give love with my own will; but the Lord helped me to love more, through faith that totally confided in Him. The Lord also increased the faith within me, the faith of waiting on Him so He could work for me. He taught me this lesson through the Scriptures in Mark.

제 몸을 돌보지 못했던 저의 모습도 깨닫게 해주셨습니다. 주님께서 허락하신 삶 속에서 베풀어 주신 것에 감사하고 즐거워해야 하는 것을 이제야 조금씩 눈을 뜹니다. 저는 기도 생활과 말씀 읽는 것, 그리고 맡겨 주신 사역에 생각이 집중되어 있고 몸을 돌보는 일에는 충분히 마음을 쓰지 않았습니다.

스스로를 아끼고 배려하는 마음도 부족했습니다. 필요에 따라 충분한 휴식을 취하거나 제가 좋아하는 것들을 즐길 여유가 없었습니다. 이 모든 것이 적절한 절제와 균형을 갖추며 살아야 하는 것을 고난을 통하여 배웠습니다.

God also opened my eyes to see how I neglected caring for myself. I am starting to realize that I should give thanks for what the Lord has provided me, and I should also enjoy God's gifts in my life. I was focused too much on giving prayers, reading the Bible, and carrying out the ministry. I did not pay enough attention to caring for myself.

I should have taken better care of myself, such as taking a good rest and treating myself to things that I could enjoy. I learned, through experiencing hardships, that it should all come in balance and moderation.

# 30. 예수님의 사랑행전을 보았습니다

요한복음을 읽으며 예수님의 사랑행전을 보았습니다.

당신을 저버린 사람들을 살리시기 위해 십자가를 지시고 돌아가신 예수님을 보았습니다.

부활하신 이후에 사랑하는 제자들을 친히 찾아가신 예수님께서 그곳에 계셨습니다.

저들의 믿음 없는 것을 돕기 위해 도마에게 내 뼈를 만져보라 하시고 아무 일도 없었다는 듯이 제자들에게 아침 식사로 생선을 구워주시는 예수님의 사랑 깊은 손을 보았습니다.

뒤도 돌아보지 않고 자기를 버렸던 제자들의 수치심을 아무 일도 아니라는 듯이 덮으시는 예수님의 깊은 사랑의 마음을 보았습니다.

# 30. Witnessing Acts of Jesus' love

I witnessed Acts of Jesus' love in reading John.

I witnessed that Jesus was crucified to give life to the same people that abandoned him.

I found Jesus visiting His beloved disciples after resurrection.

He let Thomas touch His wounds, so the disciples' faith would grow. He reached out His loving hands to them, and He also grilled fish for the disciples to eat.

I witnessed a love deeply rooted in Jesus' heart that covered the disciples who denied Him.

이천 년이 지난 오늘날의 저에게까지 생명을 전해 주시려고 예수 그리스도의 살아계심을 보여 주시는 그분의 사랑을 봅니다.

미성숙한 제자들을 섬기는 예수님의 모습 속에서 '너희들도 서로 사랑하라.' 하고 말씀하심을 봅니다.

제자들이 미성숙했던 것처럼 네게 상처 준 사람들도 미성숙해서 그런 것이라고 말씀하시는 것을 봅니다.

그 말씀 속에 저를 돌이켜보며 저도 모르는 사이에 저의 말과 행동이 누군가에게는 상처일 수 있었을 것이라고 생각합니다. 사람의 행위가 자기 보기에는 모두 정직하여도 여호와는 심령을 감찰하신다는 잠언 말씀처럼, 형제의 눈 속에 있는 티는 보면서 저 자신의 눈 속에 있는 들보는 깨닫지 못하는 바보일 수도 있었습니다. '그러니 너희는 서로 사랑해라! 누가 누구에게 불만이 있거든 피차 용서하며 살라.' 고 오늘도 말씀하시는 예수님을 봅니다.

Even today, after more than two thousand years later, Jesus' love still lives within me, gives me life, and shows me that He lives.

While Jesus served the immature disciples, I could see the following message through His actions: we should love one another.

The disciples lacked spiritual maturity, and they denied Jesus when He was hung on the cross. Likewise, I also see Jesus saying that the ones who hurt us, did so because they are lacking maturity.

When I look back on myself and reflect on the Bible, I think I also may have unknowingly hurt others with my words and actions. Like the Proverbs tell us, 'all a person's ways seem pure to them, but motives are weighed by the Lord'. We see the speck in our brother's eye, but we do not see the plank in our own eye. 'Bear with each other and forgive one another if any of you has a grievance against someone.' Jesus tells us these things, even today.

예수님을 십자가에 못 박은 못난 우리들을 살려내시려고 마지막까지 피와 땀과 힘을 다 쏟으시는 예수님의 사랑을 보며 사랑이 생명인 것을 배웠습니다. 그리스도의 죽음을 통하여 우리들에게 생명을 주신 것은 사랑이었습니다.

예수님께서 우리들에게 베푸신 사랑의 흔적 속에서 그것이 생명이었음을 알았습니다.

우리가 서로 사랑하는 것이 서로에게 생명의 힘을 전달하는 것이라고 주님께서는 깨닫게 하셨습니다.

우리가 형제를 사랑하는 것은 생명으로 들어가는 것이지만 사랑하지 아니하는 자는 사망에 머물러 있다는 말씀 속에서 우리가 서로 사랑하는 것은 생명의 근원이신 하나님의 영역 안에 있다는 것을 주님께서는 말씀하고 계셨습니다.

사랑을 주는 사람에게도 사랑을 받는 사람에게도 사랑은 생명이었습니다. 줄 때와 마찬가지로 받을 때에도 사랑 안에는 하나님께서 우리들에게 주신 생명의 힘이 들어 있기에 우리들이 사랑하는 것은 생명의 힘을 서로 돋우어주는 작업이었습니다.

Jesus shed blood and water on the Cross to give us life. Although we were the ones who crucified Him, He passionately and lovingly endured the agony and exhaustion for us. Witnessing His love, I learned that love is life. It was His love that gave us life through the death of Christ.

Following the trails of love that Jesus has shown us, I realized it was life that He showed us.

The Lord helped me realize that when we love one another, we also share the power of life with one another.

When we love each other, we have passed to life. However, anyone who does not love remains in death. The Bible tells us that loving one another means remaining in God's realm, the origin of life.

Love is life, to the ones who give and to the ones who receive. Love has the life-giving power that God has given us. When we give and receive love, we encourage each other and increase the power of life.

우리들과 관계된 모든 이들을 사랑하라고 성경 곳곳에서 많이 말씀하신 이유를 이제야 조금 더 알아갑니다.

**형제를 사랑하며 불쌍히 여기며 겸손하라**
**너에게 악하게 대할지라도 악으로 대항하지 말아라**
**선을 행하는 너에게 복을 주려는 아버지의 마음이란다.**

주님의 말씀을 읽으면서 우리 모두에게 복을 받게 하시려는 아바 아버지의 사랑 깊으신 마음인 것을 알았습니다.

**생명을 사랑하고 좋은 날 보기를 원하는 자는**
**악한 말을 그치며 거짓을 말하지 말고**
**악에서 떠나 화평을 구하라.**
**그러면 주의 눈은 의인을 향하시고**
**그의 귀는 의인의 간구에 기울이시되….**

사랑하는 것이 때로는 자기 혀에 재갈을 물려야 할 만큼 힘들지만, 우리가 서로 사랑하는 것이 얼마나 귀중한 일이었으면 사랑하기로 결단하고 행동하는 이를 주님께서는 눈여겨보시다가 그의 기도에 응답하신다고 일러 주신단 말입니까.

Now I understand why the Bible repeatedly tells us to love our neighbors.

**Love one another, be compassionate and humble.**

**Do not repay evil with evil.**

**This is Fatherly heart for you so that you may inherit a blessing.**

I realized God's deep love; when God tells us to love each other, it is the way He blesses us.

**Whoever would love life and see good days must keep from saying evil and deceitful speech. They must turn from evil; they must seek peace. The eyes of the Lord are on the righteous and His ears are attentive to their prayer.**

Loving others can sometimes be as challenging as fighting tooth and nail. The Lord keeps His eyes on the righteous and answers their prayers. How precious it is to love one another!

**선을 행하다가 고난을 받게 되고 참으면 하나님 앞에 아름다운 것이라고 말씀하신 주님**

선을 행하는 것과 이웃을 사랑하는 것은 자기 몸을 전폭적으로 내어주신 예수님처럼 고난의 길이지만

예수님을 따르는 제자의 길이고 십자가의 길이라고 성령님께서 제가슴 속에 말씀을 불어넣어 주셨습니다.

예수님 저도 사랑하겠습니다!
아버지의 사랑이 제 아픔을 덮어 주셨듯이 슬픈 이들에게 따뜻한 가슴이 되겠습니다.

하늘 같은 아버지의 마음을 제 가슴에 담고서 외로운 이들의 눈물을 씻겨주겠습니다.

마음 상한 자를 고치며 포로된 자에게 자유를 주신 예수님 따라 가난한 자에게 아름다운 소식을 전하겠습니다.

**The Lord tells us;**

**If we suffer for doing good and we endure it, this is commendable before God.**

Doing good and loving others is a difficult road, but it is also the same path Jesus followed by giving up His body for us.

The Holy Spirit taught me, through the Scriptures, that it is the path of discipleship and the path of Jesus' cross.

Father, I will love, like you did.
I will embrace the ones in tough times, as Your love covered me in my pains.

I will wipe the tears of lonely people, with Your loving heart in mine.

I will share good news to the poor, following Jesus, who binds up the brokenhearted and frees the captives.

예수님 사랑을 따르겠습니다.

주님, 저를 도와주십시오.

마음을 다하고 지혜를 다하고 힘을 다하여 하나님을 사랑하는 것과
이웃을 제 몸과 같이 사랑하는 것이 하나님께 드리는 모든 번제물과
기타 제물보다 더 낫다고 말씀하신 주님의 뜻을 오늘도 다시 한 번
제 마음에 새깁니다.

I will follow Jesus' love.

Lord, please help me.

I keep in my mind once again what the Lord guides us. He teaches us that loving Him with all our heart, with all our understanding and with all our strength, and loving our neighbor as ourselves is more important than all burnt offerings and sacrifices.

# 31. 사랑은

하나님의 사랑이 성경 말씀 말씀마다 기록되어 있습니다.
내가 너를 사랑한다고
내가 너희를 사랑하고 있다는 사실을 잊지 말라고


하나님의 사랑을 입은 자들아 우리가 서로 사랑하자


사랑은 하나님께 속한 것이란다.
사랑하는 자마다 하나님을 알고
사랑하지 아니하는 자는 하나님을 알지 못한다.
하나님께서는 사랑이시기 때문이다.


사랑은 여기 있으니
우리가 하나님을 사랑한 것이 아니오,


하나님이 우리를 사랑하사
우리 죄를 속하기 위하여
화목 제물로 그 아들을 보내셨음이라.

# 31. Love is

God's love is written in every page of the Bible.
'I love you,
do not forget that I love you now and forever.'

For who are loved by God, let us love one another

for love comes from God.
Everyone who loves knows God.
Whoever does not love does not know God,
because God is love.

This is love:
not that we loved God,

but that He loved us
and sent His Son as an atoning sacrifice
for our sins.

사랑하는 자들아

하나님이 이같이 우리를 사랑하셨은즉

우리도 서로 사랑하는 것이 마땅하도다.


만일 우리가 서로 사랑하면 하나님이 우리 안에 거하시고

그의 사랑이 우리 안에 온전히 이루어진다고 말씀하시고


범죄한 우리들에게 먼저 손을 내밀어 우리들의 죄를 용서하시고


우리들에게 사랑이 무엇인지를

어떻게 하는 것인지를 보여 주신 하나님.


사랑은 사랑을 먼저 받은 자가

자신 옆에 있는 사람에게 사랑을 보내 주어야 한다고


그것이 성도의 의무라고 주님께서는 말씀하십니다.


우리가 서로 사랑할 때 하나님의 사랑이 온전하게 되는 것이라고 말
씀하십니다.

Dear friends,

since God so loved us,

we also ought to love one another.


If we love one another,

God lives in us and His love is made complete in us.


God reached out to us first and forgave our sins.


He showed us love:

what it is and how it is displayed.


Love is giving to one another

from the one who has been loved first.


This is the duty of Christians as the Lord says.


God tells us that His love is completed in us

when we love one another.

누구든지 하나님을 사랑하노라 하고

그 형제를 미워하면

이는 거짓말하는 자니

그 형제를 사랑치 아니하는 자는

하나님을 사랑할 수가 없다고 말씀하십니다.


하나님이 우리를 위해 피 흘리신 사랑에 대한

우리들의 반응은

너희가 서로 사랑하는 것이라고 부탁하고 계십니다.


성경 말씀을 읽다가, '그 형제 안에 사랑 받을만한 인격이 있기 때문에 사랑하는 것이 아니라, 하나님께서 낳으신 자녀이기 때문에 사랑하라.'고 말씀하시는 가슴 깊으신 아버지의 사랑 앞에, "하나님 아버지! 저도 사랑하겠습니다."라고 고백합니다.

If anyone says 'I love God',

yet hates their brother and sister,

they are liars.

For anyone does not love their brother and sister,

cannot love God,

God is asking us to respond to His love,

shown on the cross through the blood of Jesus,

by loving one another.

I was reading the Bible, the Scriptures struck me. God was saying, with a heart full of love, that we should love one another - not because we deserve to be loved, but because we are the children of God. "My father God, I, too, will love others."

# 32. 내가 사랑하는 것이 아닙니다

주님 말씀대로 하나님을 사랑하고 그 말씀대로 이웃을 사랑하며 산다는 것이 때로는 피하고 싶은 부분일 수도 있습니다.

사랑하며 산다는 것이 누구 앞에서나 자신 있게 말하기에는 쉽지 않은 것 같습니다.

그래서 주님께서는 우리에게 성령님을 보내주셨습니다.

우리가 사랑하고 싶어도 사랑하기 어려운 이들을 만날 때마다 얼마나 어려운 시간들을 보내야 하는지

주님은 우리의 연약함을 아시기에 우리를 도우시는 성령님을 보내셔서 사랑할 힘을 공급해 주십니다.

# 32. It is not I who can love

Loving God and loving others, as the Lord tells us, can be a task that we may want to avoid at times.

It is not easy to proclaim to others, with confidence, that you are living a life full of love.

Which is why the Lord has sent us the Holy Spirit.

Even though we want to love others, there are also very challenging times whenever we meet people who are hard to love. This is why the Lord has sent us the Holy Spirit.

The Lord knows our weaknesses. He sends us the Holy Spirit as a helper, to provide us with the power to love.

우리가 사랑할 수 없으나 사랑하겠다고 결심하고 기도하면 하늘의 하나님께서 들으시고 하나님의 영이신 성령님을 우리 마음에 부으십니다.

우리는 내 힘으로 사랑하는 것으로 착각할 때가 많습니다. 하나님께서는 우리에게 믿음을 부으신 것처럼 사랑도 우리 안에 부으십니다. 하나님의 사랑이 우리 마음에 부은 바 되었다고 말씀하신 것처럼….

아버지의 위대한 사랑!
그 사랑은 우리 앞에 드러나 있으면서도 귀 있는 자만 알 수 있는 감춰진 비밀이었습니다.

하나님의 사랑을 아는 지식은 우리가 가져야 할 가장 소중한 지식입니다. 이 지식을 통해 영원한 하나님 나라의 비밀을 알 수 있습니다. 그리스도가 이 땅에 오신 이유는 사랑입니다.

It is not I who can love. When we are determined to love and pray, asking God to give us the power to love, our Heavenly Lord listens to our prayers; and He pours the Holy Spirit into our hearts.

Often, we are mistaken, in that we love others at our will. However, God is the One who actually pours love into us, the same way He pours faith into our hearts. Just like God's love has been poured out into our hearts.

How great is the love of God!
His love is apparent, yet it was a secret, only seen and heard by those who had eyes to see and ears to hear.

The most precious knowledge that we should pursue, is the knowledge about God's love. We open our eyes to the secrets of God's eternal Kingdom through this knowledge. Jesus Christ came to earth for love.

사랑 받을 만한 자격이 없는 우리를 위해 하나님께서는 당신의 아들
을 속죄물로 주시기까지 사랑하셨습니다.

'내가 너희를 사랑한 것 같이 너희도 서로 사랑하라.
이 땅에 사는 동안 네 맘에 들지 않는 이웃을 사랑하며 사는 것이 그
리스도인의 의무이며 그것이 너를 위한 최고의 삶이란다.'

저 같은 미완의 목사를 붙들고 이와 같이 당부하고 계십니다.

자녀가 복을 받으며 행복하게 사는 것이 소원인 부모의 마음으로 오
늘도 우리에게 "사랑한다." 말씀하십니다.

God loved us so much that He gave His only Son as a sacrifice for us, who do not deserve to be loved.

He asks me, the imperfect pastor, to

'Love one another like I have loved you.
Loving your neighbors, even if they do not deserve to be loved,
is the duty of Christians.
It is the best way of life.'

With a parental heart, wishing their children nothing but happiness, God whispers to us, even today, "I love you."

## 에필로그

이 책은 하나님의 마음과 예수님, 성령님의 사역을 쉽게 전달하기 위해 저의 삶을 통해 역사하신 주님의 일을 기록했습니다.

갈등과 기도 가운데 임재하시는 성령님의 은혜, 용서, 사랑과 구원하심, 예수님을 따르는 제자의 길과 상급을 주시는 주님, 우리들의 상처까지도 치유하시는 예수님의 능력을 쉽게 이해하고 삶에 적용할 수 있도록 이야기로 풀어서 기록했습니다.

아버지의 마음을 제 가슴에 담아주신 성령님의 은혜를 미력하지만 온전히 표현하려고 노력했습니다.

# Epilogue

This book is about what God has done in my life. It was written to deliver His heart, and the ministry of Jesus and the Holy Spirit through stories and simple dialogues.

God has worked in my life through conflicts, prayers, and broken hearts. I experienced His presence in grace, forgiveness, love, and salvation. He has taught me discipleship, while following Jesus; and He has also taught me how He rewards those who follow Him with sincere hearts. He has healed my broken heart and body. I wanted to share these stories with you, so that you can also experience the power of Jesus.

Although my writing skills are not perfect, I tried to describe as accurately as possible how the Holy Spirit has guided me with His grace, by filling my heart with God's heart.

책을 쓰는 동안 저를 다시 한 번 성령의 도가니로 몰아넣어 주신 하나님께 감사 드립니다.

책을 통하여 저를 더욱 단단하게 다듬으신 하나님 아버지의 사랑 앞에 무릎을 꿇습니다.

이 책을 쓸 수 있도록 하루하루를 인도하신 성령님께 감사 드립니다.

책을 쓰면서 저에게 주신 남편과 자녀들, 시댁과 친정 가족들 그리고 여러분들과의 관계가 저의 소중한 자산인 것을 알았습니다. 저를 성숙하게 하는 조련사도 되고 촉매역할도 하시는 귀한 선생님들이셨습니다. 이 책에 나오시는 모든 분들을 저에게 보내 주신 하나님께 감사드립니다.

I would like to thank God for inviting me into the presence of the Holy Spirit, once again, while writing this book.

I kneel down again in front of the great love of God, my Father who has firmly trained my faith while writing this book.

I want to give thanks to the Holy Spirit for guiding my life day by day, so I could finish writing this book.

While I was writing this book, I came to understand the value and preciousness of the people around me; my husband, my daughters, my in-laws, my family, and you. You are all the trainers and catalysts in my life, to help me grow. God has sent you all to train me. I give thanks to God for placing wonderful people in my life.

이 책을 읽고 나면 당신의 옆에 있는 사람에게 전해 주세요.

남편이나 아내, 자녀나 친구, 부모님이나 성도, 누구든 네 이웃에게 하나님 사랑을 전하는 마음으로 먼저 사랑 받는 이가 사랑을 전달하듯,

당신 옆에 있는 누군가에게 이 책을 읽게 해주세요.

이 책을 읽는 모든 사람들에게 성령님의 임재가 있기를 기도합니다.

샬롬! 주님의 평강을 전합니다.

When you finish reading this book, please pass it along to the next person – a family member, a friend, or a neighbor.

As the one who was loved first sends love to others, share the stories with your spouse, children, friends, parents, and other Christian friends.

Share this book with that special someone whom you are sharing your life with.

I pray that the Holy Spirit may invite you into His presence as you read this book.

Shalom, sending you the peace of our Lord!

아버지의 마음

# 사랑한다 ❶

Father's Heart

## I Love You

ⓒ 김광극, 2023

개정판 1쇄 발행 2023년 2월 10일

| | |
|---|---|
| 지은이 | 김광극 |
| 펴낸이 | 이기봉 |
| 편집 | 좋은땅 편집팀 |
| 펴낸곳 | 도서출판 좋은땅 |
| 주소 | 서울특별시 마포구 양화로12길 26 지월드빌딩 (서교동 395-7) |
| 전화 | 02)374-8616~7 |
| 팩스 | 02)374-8614 |
| 이메일 | gworldbook@naver.com |
| 홈페이지 | www.g-world.co.kr |

ISBN   979-11-388-1649-6 (04230)
         979-11-388-1648-9 (세트)